더 플랜

미국의 새로운 비전과 민주당의 도전

The Plan: Big Ideas for America
Copyright © 2006 Rahm Emanuel, Bruce Reed
Korean Translation Copyright © 2008 by LeeBook Publishing
First published in the United States by Public Affairs,
a member of The Perseus Books Group.
Korean edition is published by arrangement
with The Perseus Books Group, Cambridge
through Duran Kim Agency, Seoul.

이 책의 한국어판 저작권은 듀란킴 에이전시를 통한
The Perseus Books Group와의 독점계약으로 도서출판 리북에 있습니다.
저작권법에 의하여 한국 내에서 보호를 받는 저작물이므로
무단전재와 무단복제를 금합니다.

더 플랜 - 미국의 새로운 비전과 민주당의 도전

초판1쇄 발행일 • 2008년 6월 5일
　2쇄 발행일 • 2010년 4월 20일

지은이 • 람 이매뉴엘 · 브루스 리드
옮긴이 • 안병진
펴낸이 • 이재호
펴낸곳 • 리북
등　록 • 1995년 12월 20일 제13-663호
주　소 • 서울시 마프구 솔내1길 19 서연빌딩 2층
전　화 • 02-322-6435
팩　스 • 02-322-6752

정　가 • 13,000원

ISBN 978-89-87315-80-5

더 플랜

미국의 새로운 비전과 민주당의 도전

람 이매뉴엘 · 브루스 리드 지음
안병진 옮김

리북

■ 옮긴이 서문

  2008년 오바마의 당선으로 진보주의의 시대가 열리기 전 한동안 미국의 민주당은 영원한 불임정당으로 전락한 것은 아닌가 하는 공포감에 시달린 바 있다. 지금 오바마가 대통령인 시점에서 보면 과장된 위기감처럼 보일지 모르지만, 2004년 무렵에 이들은 정말 미래가 보이지 않아 절망하였다.
  하지만 그들은 위기감이 큰 만큼 대대적 혁신의 노력을 기울였다. 아웃사이더에 불과한 하워드 딘 전 대선후보에게 당권을 부여하여 그는 당을 아래로부터 근본적으로 혁신하기 시작했다. 대선 후보이자 주류 정치인 케리는 당시만 하더라도 정치 애송이에 불과한 오바마 상원의원을 2004년 전당대회 연설자로 지명하여 이미 이 때 2008 대선 혁명의 불씨를 만들어 내었다.
  무엇보다도 미국의 민주당이 돋보인 것은 미국을 참된 민주공화국으로 만들기 위한 꿈과 이를 구현하는 정책에의 열정이다. 그들은 지난 8년간 클린턴 정부의 성과를 계승하고 새로운 시대에 맞게 비전을 혁신하기 위한 치열한 노력을 기울였다. 이 책은 미국 진보의 집권이 단지 오바마라는 스타의 멋진 연설 솜씨와 금융 위기라는 환경의 결과만이 아님을 생생히 보여준다. 이 책에 나온 꿈과 정책은 결국 민주당 선거운동의 탄탄한 기반이 되었고 오늘날 준비된 국정운영으로 나타나고 있다.

　이 새로운 비전 문서의 작성에 이 책의 저자인 이매뉴엘과 리드만큼 적절한 이를 찾기란 매우 어려울 것이다. 그들은 사실 민주당의 전투적 혼과 창조성의 상징과 같은 이들이다. 시카고의 거친 정치에서 전투적으로 단련된 이매뉴엘은 과거 클린턴의 1992년 캠페인에서 탁월한 조직력, 기금모금 활동으로 당시 캠페인의 전설중의 하나이다. 클린턴이 당선된 후 축하파티에서 증오하는 공화당원들을 하나 하나 언급하며 식사 테이블에 스테이크 나이프를 꽂은 그의 일화는 널리 알려져 있다. 이후 그는 특유의 전투성과 민주당이 추구하는 가치에 대한 그의 헌신적 열정으로 민주당계열의 핵심 인사로 부상하고 의회선거 캠페인을 진두지휘하고 있다. 그의 친구 브루스 리드는 이러한 그를 가리켜 1994년 공화당을 부활시킨 깅그리치 전 하원의장에 빗대어 "민주당의 깅그리치"라고 농담하고 있다(Joshua 2005).

　그가 전투적 혼의 상징이라면 리드는 새로운 창조성의 상징이다. 그는 민주당의 주요한 씽크탱크인 민주주의리더십회의 DLC의 핵심 정책 논객으로 1996년 클린턴 재선의 일등공신이다. 그는 지나치게 분배, 노동 위주의 전통적 민주당 진보파들과 달리 중산층의 삶의 이슈들을 예리하게 포착하고 이를 새로운 해법으로 만들어내는 데 탁월한 재주를 발휘해 왔다. 텔레비전 폭력 방지 V-칩 설치, 학교 교복 착용 등 1995년 그가 주도한 '가치 아젠다'가 바로 그것이다.

  나중에 오바마 정부의 비서실장이 되어 화제가 된 이매뉴얼은 현재 준비된 국정운영의 핵이다. 공동 저자인 브루스 리드는 그 특유의 창조적 정책 아이디어로 국정운영의 방향 정립에 기여하고 있다. 필자는 아이폰에서 이매뉴얼의 매일 매일 고투와 리드의 빈번한 창조적 정책 제안 메일을 확인할 때마다 미국 민주당의 저력을 새삼 느끼곤 한다. 이 책에서 이들의 핵심 논점이 미국 정치론의 시각에서나 현실적으로 흥미로운 것은 과거 미국의 민주당이 시민들로부터 유리되고 있는 핵심 이유를 단지 커뮤니케이션 기법의 미숙함을 넘어서서 정책적 비전의 결여에서 찾고 있기 때문이다. 이는 한때 민주당의 쇠퇴에 대한 진단에서 큰 인기를 끌었던 레이코프 등의 언어학자들의 관점과는 매우 다르기에 사뭇 논쟁적이다. 한국에도 널리 소개된 바 있는 레이코프(『코끼리는 생각하지 마』, 삼인)는 미국 민주당의 왜소화는 공화당에 비해 언어적 프레임에서의 무능을 보이고 있는 것이 핵심이라고 지적한다. 반면에 이들은 레이코프의 진단은 민주당이 시민들에게 설득력 있는 21세기 해법을 내놓고 있지 못한 진정한 무능을 가려버리는 극히 위험스러운 처방이라고 강도 높게 비판한다. 이 글을 읽는 독자들은 레이코프의 책과 비교해 보면서 미국의 민주당 계열 지식인들이 가졌던 핵심 화두를 독해한다면 흥미로울 수 있을 것이다.

다만 이 책을 세심히 읽어보면 미국의 민주당에 1980년대 중반 이후 깊이 침투한 시장만능주의에 대한 깊은 반성의 문제의식이 약함을 느낄 수 있을 것이다. 아직도 완전히 치유되고 있지 않은 이들의 단견은 2008년 금융대위기의 도래에 의해 선명히 드러난 바 있다. 그리고 부시의 이라크 전쟁에 대한 민주당의 순응주의 노선에 대해서도 이 책은 언급을 피하고 있다.

이 책을 읽다보면 추가적으로 흥미 있는 소재는 한국의 정치지형에 대한 시사점이다. 이 책의 많은 부분들은 마치 이들 저자가 한국 정치에 대해 언급하고 있다는 착각마저 준다. 예를 들어 한국의 개혁적 정치세력들도 자신들의 쇠퇴에 대해 레이코프식 처방에 큰 관심을 보여 왔다. 이러한 협소한 시야에 대해 매우 비판적으로 경고하고 있는 이 저자들의 지적에 대해 그들이 어떤 반응을 보일지 궁금하다. 저자들의 문제의식이 한국 정치에 주는 커다란 시사점 때문인지 노무현 전 대통령도 퇴임 후 이 책을 세심히 읽은 것으로 알려진다. 그런 점에서 이 책은 단지 미국 정치의 교양서만이 아니라 한국 정치의 맥락에서도 의미가 크다. 앞으로 한국 정치의 건강한 미래를 위해서 이 책이 기여하기를 기대한다.

2010년 4월
안 병 진

■ 차례

■ 옮긴이 서문 5
■ 프롤로그 : 잃은 것과 찾은 것 11

I부 무엇이 잘못 되었는가

　　제1장　정치꾼과 정책광 25
　　　　　정치 제일주의 / 보수적 온정주의 / 광란의 정치꾼

　　제2장　프레임 게임 41
　　　　　단어 찾기 / 캔자스 시의 문제점 / 해답 찾기

　　제3장　오지와 해리어트는 더 이상 여기서 살지 않는다
　　　　　　　　　　　　　　　　　　　　............... 59
　　　　　미국이 잃어버린 것들 / 80년대식의 쇼 / 가족 문제 /
　　　　　공화당의 치고 빠지기 / 링컨이라면 어떻게 할 것인가? /
　　　　　더 일하고, 더 많이 보상받자

II부 플 랜

　　제4장　무엇이 플랜인가? 79
　　　　　플랜

　　제5장　전국민 봉사단 89
　　　　　전국민 봉사단의 필요성 / 우리가 서로에게 진 의무

　　제6장　전국민 대학교육 100
　　　　　대학 격차 줄이기 / 중퇴자 문제 / 평생교육 및 미국의 공립학교 개선

제7장 전국민 은퇴연금제도 113
　　　　보다 많은 소유와 보다 안전한 미래 / 모든 직장에서 401(k)를 /
　　　　부유한 사회를 만드는 다른 방법 / 모든 근로자가 소유자가 되기

제8장 모든 어린이를 위한 의료보험 134
　　　　병에 걸린 의료보험 정치 / 비용을 줄이는 다섯 가지 방법 /
　　　　미국의 모든 어린이들에게 의료보험을 / 전국치료센터 /
　　　　모두가 의회와 같은 의료 혜택을 받아야 한다

제9장 재정 책임과 기업복지의 종식 153
　　　　줄이고 투자하라 / 미래예산 / 현역 의원 기득권 장벽을 폐지하자 /
　　　　일당 지배의 대가 / 돌고 도는 늪 / 정치꾼 몰아내기

제10장 서민을 돕는 세계개혁 169
　　　　야수 키우기 / 공화당의 노동과의 전쟁 / 코드 레드 / 대학 / 주택 /
　　　　가정 / 은퇴 / 공화당과 세금 / 10퍼센트 해결책 : 중산층 단일 세율 /
　　　　중산층에 대한 자본소득세를 없애자

제11장 테러와의 전쟁에 대한 새로운 전략 189
　　　　전시 지휘본부를 넘어서 / 동맹 / 군대 / 정보기관 / 국내 전선

제12장 하이브리드 경제 208
　　　　석유 소비를 반으로 줄이기 / 혁신과 직업 / 국립과학공학연구소 /
　　　　전국 광대역 및 초고속 기차

■ 에필로그 : 국가적 목표를 갖는 정치 220
■ 감사의 글 229
■ 주 234

■ 프롤로그

잃은 것과 찾은 것

"내가 누구지? 내가 왜 여기 있지?" 1992년 부통령 토론회에서 로스 페로Ross Perot의 러닝메이트인 제임스 스톡데일James Stockdale 장군이 얼떨결에 이 말을 내 뱉자, 워싱턴 인사이더들은 웃음을 터뜨렸다. 하지만 비록 서툰 화법이지만, 고故 스톡데일 장군은 우연히도 미국정치에서 가장 중요하면서도 간과되었던 문제를 건드렸다. 신참자가 이제 겨우 황금시간대에 데뷔를 한 것이기에, 자기 자신이 도대체 누구인지, 왜 거기 있었는지 어리둥절했던 스톡데일Stockdale의 의문은 이해해 줄 수도 있을 것이다. 하지만 현재의 정치지형으로 시선을 돌리면, 우리는 워싱턴 정가의 변명은 뭘까 하고 궁금해진다.

대부분의 미국인들이 보기에, 워싱턴 정가의 사람들은 자신들이 뭘 하는지 아무 생각도 없는 것으로 인식된다. 재정적자에서부터 이라크 침공이나 허리케인 카트리나에 이르기까지, 부시행정부의 하는 짓마다 정부의 능력을 의심하게끔 만들었다.

하지만 과거 20년간 대부분의 세월을 워싱턴에서 보냈던 정치인으로서, 우리는 훨씬 더 당혹스러운 진실에 직면해 있다. 비록 워싱턴 정가에서 실패자와 무능력자를 쉽게 발견할 수는 있지만, 대부분의 이곳 정치인들은 그들이 하는 일에 꽤 유능하다. 문제는, 왜 그들이 그 일을 하는지 분명한 신념을 가지고 있지는 못하다는 것이다.

우리 둘 다는 골수 평생 민주당원이지만, 최근 몇 년 동안 워싱턴에서 양 당이 자기 길을 잃었다는 것을 목도하지 않을 수 없다. 미국인들은 머리를 긁적이면서, 공화당과 민주당이 도대체 공통된 목적을 찾을 수 없는가 하고 궁금해 한다. 그러나 도전해야 할 과제는 이보다 더 깊다. 각 정당은 일단 스스로의 목표에서 좀 더 분명해질 필요가 있는 것이다.

어떻게 보수주의가—그 많은 단점에도 불구하고 한때 엄격한 독트린이기도 했던 것이었는데—그렇게 협애하고 불만족스러운 상태가 되어 버렸을까? 보수적인 이상 위에 권력에 올랐던 공화당원들은 자신들의 이상을 공허한 신념으로 만들어버렸다. 보수주의는 국가를 이끄는 것이 아니라, 선거에서 이기기 위한 전략—권력의 한계를 인지하는 것이 아니라 권력을 유지하기 위한 전략이 되었다. 보수주의 지도자들은 애초에 어떻게 그들이 보수주의자가 되었는지 잊어버렸다. 경직된 이데올로기는 항상 "실패한 신(神, God That Failed)"[1]이었고, 어떤 아이디어도 그것이 제대로 작동하는 것이 아니라면 좋은 것이

프롤로그: 잃은 것과 찾은 것

아니라는 것을 인식하지 못했던 것이다.

역설적으로 보수주의자들은 정부를 더 작게 만드는 것이 아니라, 더 비대하게 만들었다. 존 맥케인John McCain 상원의원의 말처럼, 워싱턴 정가의 공화당원들은 술 취한 뱃사람들처럼 돈을 흥청망청 써댔다. 바로 보수주의 행정부가 린든 존슨 Lyndon Johnson 이래로 국내 지출을 가장 많이 한 것이다. 공화당원들이 뒤늦게 당황해 하는 것도 이해 못할 바는 아니다. 공화당원들은 말하기를, 자신들의 목적은 정부가 우리 일에서 손을 떼도록 하는 것이었다고 한다. 하지만 이들 공화당원들은 거의 이렇게 하지도 않고, 그럴 의도도 없었다. 오히려 몇 년 간의 결정적인 증거를 들여다보면, 그들 마음대로 맡겨 두면 정확히 그 반대로 할 것이라는 것이다.

권력을 계속 잡고 있다 보니 공화당은 혼란에 빠지고 썩었고, 민주당은 이러한 피해를 막기에만 필사적이다 보니 종종 어디로 나라를 이끌어야 할지를 잊곤 한다. 1990년대에, 민주당은 국가와 당을 위한 새로운 비전을 설정하기 시작했고, 상당한 성과를 거두었다. 하지만 근년에는, 상대 진영에 대한 우리의 분노와 좌절로 말미암아 진짜로 우리가 강점이 있는 것으로부터 우리는 멀어지고 있다. 미국은 문제를 해결하는데 도움을 받기 위한 목적으로 민주당을 고용했지, 우리가 상대편에 대해 불평을 털어놓는 것에는 관심이 없다.

---

1) 저자들은 공산주의 이념의 실패를 선언한 동명의 책 제목에 빗대어 보수주의의 경직성을 조롱하고 있다.-역자 주

이 모든 것이 단지 정치에 관한 것이라면—한 혼란에 빠진 당이 다소간 다른 당을 전략적으로 이기려 한다는 측면에서—그렇게 많은 공화당원과 일부 민주당원들이 자기 길을 잃었다는 것은 중요하지 않다. 하지만 당면한 과제는 일시적인 당리당략보다도 훨씬 더 중요한 성격의 것이다. 오늘날 미국은 비틀거릴 여유가 없다. 우리의 적은 몇몇 안 되지만, 2001년 9월 11일 이후, 이들의 의도는 명확해졌다. 우리의 경쟁자도 또한 얼마 안 되지만, 인도나 중국같이 급속히 경제 성장을 하는 경쟁국들의 목표 또한 명백해졌음이 드러났다.

목표가 부재하다는 것은 비싼 대가를 치르게 된다. 세계 초강대국이 심지어 우방이 필요한 지 어떤지 조차도 결정할 수 없게 되면 세계는 더 위험한 곳이 되어 버린다. 백악관과 의회가 무턱대고 세금을 줄이고 지출을 늘리기 시작하자, 문자 그대로 국가의 미래를 중국과 같은 경제적으로 떠오르는 경쟁국에 저당 잡히고, 중국은 기꺼이 우리가 점점 더 깊이 빚에 빠져들도록 돕고 있다. 워싱턴의 정치가들이 권력으로 무엇을 할 수 있을 지에 대한 것보다 권력을 잡는 것에만 너무 몰두해 있기 때문에, 그들 정치인들은 납세자들의 호주머니를 털고, 국가의 힘을 빨아먹는 부패의 문화를 들여 놓았다.

이래서는 안 된다. 건국 때부터 미국은 지구상에서 가장 뚜렷한 목적을 가진 국가였다. 미국인들은 다른 국민들보다 더 열심히 일하고, 더 많이 계획하고, 더 큰 꿈을 꾼다. 금세기 지금까지 가장 많이 팔린 책 중의 하나는 릭 워런Rick Warren의 『목적 추동적

프롤로그: 잃은 것과 찾은 것

인 삶The Purpose Driven Life』이었다. 미국 정치가 목적 이외의 다른 것으로 추동되어 지는 것에는 어떠한 변명도 통하지 않는다.

역사가들이 21세기 초를 회고해 본다면, 워싱턴에서 공화당 다수파들이 영원히 길을 잃은 정확한 시점을 알아내는데 별 어려움이 없을 것이다. 2005년 종려주일에 당시 다수당 지도자인 톰 딜레이Tom Delay는—필사적으로 자신의 윤리적 문제에서 주의를 돌리려고 하면서—하원의 비상 회기를 소집해서 테리 쉬아보Terry Schiavo2)라는 여자를 구하고자 하였다. 플로리다에 사는 테리 쉬아보는 15년 간 혼수상태에 빠졌고, 회복될 기미는 전혀 없는 상태였다. 상원의 다수당 지도자인 빌 프리스트Bill Frist는 정치에 입문하기 전에는 유능한 의사였는데, 쉬아보의

---

2) 미국 플로리다주에 살던 테리 쉬아보라는 여자는 26세 되던 1990년 돌연 심장발작을 일으켜 식물인간이 되어 버렸다. 그로부터 15년간 기계가 숨을 쉬어주고 배꼽 위에 꽂은 튜브로 투입되는 비타민 복합물로 생명을 이어나가고 있었다. 하지만 이제 그 튜브마저 제거되고 말았다. 지난 15년간 남편과 쉬아보의 부모 사이에 피말리는 법정 싸움이 전개되고 급식 튜브는 두 번이나 제거되었다가 끼워지는 우여곡절을 겪기도 하였다. 아내가 저런 식으로 삶을 이어가는 것을 원치 않을 것이라는 남편과 그렇게라도 살 권리가 있다는 부모의 입장이 달랐던 것이다. 게다가 법적으로 보호자인 사위는 이미 다른 여성과의 사이에 두 자녀를 둔 것으로 알려져 있으며, 쉬아보의 부모는 사위가 딸의 재산을 노리고 있으며, 딸의 심장발작의 원인도 사위에게 있을 지도 모른다고 의심을 하고 있었던 것이다. 문제를 더 꼬이게 한 것은 부시 형제를 비롯한 정치가들이다. 2003년 처음 급식 튜브가 제거되었을 때 젭 부시 플로리다 주지사가 "테리 쉬아보법"을 제정해 재급식을 주도했던 이래, 지난 3월 18일 다시 끊어진 튜브를 연결시키는 역할을 맡았던 것은 이를 정치적으로 이용하고자 한 형 조지 부시 대통령이었다. (출처: 김연희, 주간 코리아 저널, 테리 쉬아보처럼 살기 원하십니까? 2005년 5월 16일)-역자 주

비디오테이프를 보고는 기적 같이 살아남을 징조를 봤다고 주장했다. 미국 문제에서 벗어나 휴가 중이었던 부시 대통령은 텍사스 주 크로포드에서 서둘러 돌아와서는 쉬아보 사태를 다루고자 하였다. 공화당이 지배하는 의회가 연방법원으로 하여금 그녀의 힘든 삶을 더 연장하도록 하는 법안을 통과시킨 이후에도, 불쌍한 테리 쉬아보는 끝내 회생하지 못했다.

쉬아보 건은 단지 현 정치에 만연된 무의미함을 보여주는 가장 뒤틀린 사례 중의 하나일 뿐이다. 국가는 전쟁 중이고, 정부는 파산했으며, 워싱턴은 뇌물만 바라보고 있다. 그리고 문제더미가 깊으면 깊을수록, 정치체제는 더 더욱 얄팍하게 반응하고 있다. 미국을 변모시킨다는 장기적이고 어려운 과제에 직면했지만, 워싱턴은 그 대신에 잃어버린 대의를 지키는 수호성인이 되어 왔다.

워싱턴은 (정치를) 맡고 있는 사람들이 나쁘기 때문에 길을 잃은 것은 아니다(물론 몇몇은 나쁘기도 하겠지만). 여기에는 보다 큰 이유가 있다. 낡은 지도가 더 이상 작동하지 않고, 여러 낡은 지표도 사라져 버렸다.

9.11이후로 상황이 얼마나 많이 변했는지 보라. 냉전 시대의 그 모든 테러에도 불구하고, 우리는 명백하고 식별할 수 있는 적이 있었다. 단지 우리가 해야만 했던 것은 소련을 이기는 것이었다. 오늘날 우리는 우리에게 익숙하지 않은 문화에 뿌리를 둔, 이해하기 힘든 급진적인 전체주의와 전쟁 중에 있다.

프롤로그: 잃은 것과 찾은 것

우리는 냉전에서 이기는 것이 무엇을 의미하는지를 알았었다. 즉, 소련의 팽창을 봉쇄하고, 자유와 민주주의를 확대하면서, 군사적 우위를 유지해 나가는 것 말이다. 하지만 5년간의 테러와의 전쟁에서, 우리는 여전히 어떻게 승리를 규정할 것인지도 모르고 있고, 미국인들은 우리가 이기고 있는지 조차 전혀 확신할 수 없게 되었다.

우리가 자라면서 익숙해 졌던 경제적 협약은 대부분 옛말이 되었다. 얼마 전까지만 해도 미국인들은 일생동안 한 회사에서 근무한다고 생각할 수 있었다. 사람들은 적어도 한 가지 확실한 것은 알고 있었다. 즉 열심히 일하기만 하면, 성공할 거라는 것을. 고등 교육을 받지 않은 사람도 괜찮은 직업을 가질 수 있었다. 그리고 직업이 괜찮으면 확실한 게 따려 왔다. 즉, 의료보험과 연금, 간혹 가다가 승진까지도 보장되었다. 나라가 커감에 따라서 임금도 올라갔다. 미국 경제가 여전히 근본적으로는 튼튼하다고 하지만, 미국인들은 이제는 더 이상 이러한 보장을 기대할 수는 없게 되었다. 괜찮은 직장은 찾기 힘들고, 어떤 직장도 안정적이지 못하며, 임금은 오르지 않고 있다. 가장 큰 불안 원인은 열심히 일한다고 하더라도 문제가 해결되지 않는 데에 있다.

마침내 우리 사회를 함께 결속시키던 사회적 시스템이 위태롭게 되었다. 미국 가정은 수십 년간 혼란스러운 시간을 겪어왔다. 더 오랜 시간 일하도록 내몰리면서, 부모들은 자녀들과 보내는 시간이 점점 더 적어지게 되고, 자녀들에 대해서는 더 많이 걱정하게 되었다. 우리는 공동체와 편리함 사이에서 항상 분열되어 있다. 사교적인 것으로 유명한 우리들이지만 이제는 각자의 아이팟iPod에나 귀 기울이는 사회가 되어 버렸다.

안보, 기회, 공동체는 미국 사회가 건설된 토대이다. 눈 깜짝할 사이에, 이 모든 것들이 우리 눈앞에서 사라지고 있다. 우리는 위험을 감지하지만, 어디에 발을 딛고 있어야 할지 모른다. 우리의 지도자들은 절벽에 맞닥뜨리지만, 땅에 떨어질까 봐 두려움에 차마 내려다보지는 못하는 애니메이션 주인공처럼 공중에 떠 있는 것 같다.

그래서 미국의 정치가들은 새로운 토대를 건설할 필요에 직면하는 대신, 우리가 이때까지 당연하게 여겨왔던 것들을 잃어 버렸다는 사실을 은폐하고자 온 힘을 기울여 왔다. 2004년 대통령선거는 양 당의 상실감의 대결에 불과하였다. 공화당은 그들의 격렬한 테러와의 전쟁 전략이 과거 냉전에서의 승전 전략처럼 믿음직하게 들리도록 노력하였다. 부시 대통령의 말을 빌자면, "여러분들은 우리와 함께 하거나, 아니면 (우리에) 반대하는 것이다." 과다 노동에 시달리면서, 저임금을 받는 수백만의 가정들이 미국의 문화에 우려를 표하는데 대해서, 공화당은 별 연관성은 없지만 또 다른 단순한 해답— 동성간의 결혼 금지라는—을 내놓았다. 반면에 민주당은 고용인과 고용주의 그간의 경제적 협약이 사라지는 것에 대한 정당한 두려움에 대해, 우리가 아웃소싱에 대해 목청껏 반대한다면 이런 고용관계가 마술처럼 다시 나타날 것처럼 믿게 하는 식으로 반응했다. 둘로 쪼개진 유권자의 결정 속에서, 공화당은 2004년 대선에서

프롤로그: 잃은 것과 찾은 것

승리를 거뒀다. 두 개의 실존적인 불안은 이제 하나의 실존적인 불안으로 변모했을 뿐이다.

미국인들은 9.11 이전보다도 (9.11로) 정치가 더 비열해지고, 양극화가 심화되며, 덜 목적지향적이 되는 것에 대해 좌절하고 당황해한다. 부시 대통령은 자신이 프랭클린 루즈벨트Franklin Roosevelt 대통령처럼 국내외적으로 똑 같은 도전에 직면해 있다고 말했다. 이 비교는 많은 것을 말해 주는데 물론 부시가 의도했던 방식으로는 아니다. 프랭클린 루즈벨트는 전쟁에 직면해서 공황으로 양분된 국가를 물려받았지만, (국가를) 단결시켰고, 9.11때 부시대통령은 단결되길 갈망했던 나라를 물려받았지만, 나라를 더 갈라놓았다. 프랭클린 루즈벨트는 불황을 물려받았지만, 미국에 지금까지 역사상 중산층을 가장 많이 확대시켰다. 부시는 역사상 가장 장기간의 경제적 붐을 물려받았지만, 중산층의 기억 속에 가장 큰 근심을 안겨 주었다.

부시가 시야에서 사라진다 해도, 보다 절실한 도전이 남아 있다. 우리의 정치적 붕괴가 낡은 경제적, 문화적, 안보적 장치가 붕괴하는 것과 일치하는 것은 우연이 아니다. 지난 시기의 추한 정치적 양극화는 문명의 또 다른 충돌─우리가 계속 부여잡을 수 없었던 낡은 확실성이 우리가 어둠 속에서 어설프게 잡고자 했던 새로운 확실성과 충돌한 것이다─에서 나온 유탄에 불과하다.

오늘날 정치의 문제는 정치가 이 나라의 문제를 해결하는데 보다도 정치적 문제를 해결하는데 더 집착하고 있다는 것이다.

9.11이후, 공화당은 맹렬히 국가 안보를 정치적 프로젝트로 전환하고자 했다. 하지만 미국이 공격 받았을 때, 미국인들은 당파정치를 염두에 조차 두지 않았다. 사실, 테러와의 전쟁은 당파논쟁의 종식을 가져올 수도 있었다. 대신에 부시의 백악관은 정치를 최우선에 놓기를 선택해서, 2002년 중간선거에서 의석을 얻고, 2004년 백악관까지 거머쥐고자 미국인들의 공포를 이용했다. 9.11이후 세계에 대한 공화당의 전술은 민주당과 테러리스트가 미국의 안보에 위협이 되는 쌍둥이처럼 두렵게 느껴지게끔 하는 것이었다.

하지만 민주당 일각에서도 비슷한 방식으로, 우리 시대의 가장 중요한 도전은 어떻게 선거에서 이기는 것인가라는 칼 로브Karl Rove의 논리로 빠져 들었다. 공화당원들이 분열적이고, 거칠고 비타협적인 정차를 펼치고도 문제가 없는데, 왜 우리는 안 되는가? 라고 좌절감에 빠진 민주당원들도 의문이 들기 시작했다. 민주당이 부시의 정책 실패를 유감스럽게 생각하는 것만큼이나, 우리는 부시가 집권하는 동안 줄곧 그가 선거에서 승리한 것을 질투했다. 우리는 나라를 파탄에 빠뜨린다고 로브를 저주하면서도, 로브의 전략을 따라잡을 수 있는 사람을 갈망했다. 통로 양 쪽에서, 정치적 논쟁의 수위는 최저점을 갱신하며 밑바닥으로 가라앉고 있다. 즉, 국가가 여러분을 위해서 무엇을 할 수 있는지를 묻지 말고, 포커스 그룹에게 그들을 위해 정치인이 무엇을 하기를 원하는지를 물어라.[3]

결과를 생각하지 않는다면, 두 당의 정체성 위기도 즐길만한

프롤로그: 잃은 것과 찾은 것

것일 수 있다. 공화당은 부시의 "온정적 보수주의Compassionate Conservatism"라는 연옥의 덫에 갇혀서, 어느 때 정부를 확대해야 할지 혹은 축소를 해야 할 지 확신하지 못하고 있다. 공화당은 부시의 성적표로부터 신속히 빠져 나올 수도 없고 그 대신에 실행에 옮길 아무런 국가적 아젠다도 갖고 있지 않았다. 민주당은 이리저리 여러 병리학자를 순례하면서, 조언자들의 해법이나 구하는 정당이 되었다. 컨설턴트들은 민주당이 좀 더 하느님에 대해 말하라고 하고, 블러거들은 민주당이 부시에 대해 모욕적으로 말해야 된다고 한다. 정치자문 책에서는 민주당이 자신들의 말을 사용하고, 민주당의 가치를 재발견해서, 이전에 믿었던 것을 대변하면서 싸우라고 촉구한다.

우리는 우리의 대부분의 경력을 민주당의 승리에 바쳐왔다. 하지만 우리 견해로는, 이것은 틀린 질문에 대한 올바른 대답인 것 같다. 부시 시대의 정치는 양 당 모두가 잘못된 전제에 기반한 것이었다. 미국은 당파적 전리품이나 정치적 프로젝트가 아니다. 새로운 시대의 도전에 대한 지도가 없다면, 모든 정치적 길은 몰락으로 이를 것이다.

이 책은 낡은 장치를 애도하는 대신에, 우리가 새로운 장치를 만들어야 한다는 전제에서 쓰여졌다. 칠십 오년 전 비슷하게 불확실한 시대에, 프랭클린 루즈벨트는 커몬웰쓰 클럽

---

3) 저자들은 존 에프 케네디 대통령의 유명한 취임사 문구를 비틀어 현재의 낮은 당론 수준을 비꼬고 있다.—역자 주

더 플랜

Commonwealth Club에서 다음과 같이 말했다.

새로운 조건은 정부와 정부를 지휘하는 사람들에게 새로운 요구사항을 부과합니다. … 미국에 대한 신념, 개인의 책임이라는 우리의 전통에 대한 신념, 우리의 제도에 대한 신념, 우리 자신에 대한 신념은 오래된 사회적 계약을 새로운 관점에서 인식할 것을 요구합니다. … 실패는 미국의 습관이 아닙니다. 그리고 위대한 희망이란 힘 속에서 우리 모두는 공동의 짐을 짊어져야 합니다.

이 책은 우리의 새로운 시대가 요구하는 새로운 조건과 요구사항에 대한 초안이다. I부에서는 낡은 정치 투쟁과 제도가 어디서 어떻게 이 나라를 망쳤는지를, 그리고 우리가 어떻게 이를 넘어설 수 있는지를 설명한다. II부에서는 플랜―21세기 새로운 사회적 계약과 이를 가능하게 할 새로운 애국주의와 책임성―을 선보일 것이다. 여러분의 정치적 성향이 무엇이든지―민주당이든, 공화당, 무소속이든 아니면 그 어느 것도 아니든 간에―우리는 이 책에 실린 생각들이 우리들 앞에 놓인 큰 도전에 대해 여러분들의 생각을 자극하길 바란다. 여러분이 우리 계획의 세부사항에 대해 동의 하건 동의하지 않건 간에, 우리는 모두 그 뒤에 놓인 정신을 가슴에 품기를 촉구한다. 우리 나라의 문제를 해결하기 위한 용기와 아이디어, 에너지를 가진다면 바로 잡혀지지 않을 미국이나 각 당의 문제란 전혀 없다.

I부

무엇이 잘못 되었는가

제1장
정치꾼과 정책광

　미국이 이 책에 있는 정책들을 실행할 수 있기 전에, 우리는 어디서부터 정치가 우리를 잘못 이끌었는지 알아야 할 필요가 있다.
　직위와 정당 라벨을 벗겨내 보면, 워싱턴에는 두 부류의 사람들을 볼 수 있을 것이다: 바로 정치꾼hacks과 정책광wonks이다. 정치꾼들이 워싱턴에 오는 이유는 다른 어느 곳에서도 지루해 죽을 맛이기 때문이다. 반면에 정책광들은 (워싱턴 이외에) 어떤 곳에서도 그렇게 많은 사람들을 지루하게 할 수 없기 때문에 (워싱턴에) 온다. 이러한 구분은 정치꾼들이 주로 정치 캠페인이나 컨설팅 회사에 둥지를 틀고, 정책광들이 듀퐁 서클 지역의 씽크탱크에 틀어 박혀 있는 현상 그 이상을 의미한다. 몇몇 언론인들은 정책광들이지만, 대부분은 정치꾼들이다. 몇몇 평론가들은 정치꾼들이지만, 대부분은 정책광들이다. 의회

의원들은 모두 정책지향적인 척 하지만, 많은 의원들은 정치꾼으로 당선되었다. 로비스트들은 정책지향적인 척하면서 돈을 버는 정치꾼들이다. 〈워싱턴 먼쓰리Washington Monthly〉, 〈뉴 리퍼블릭New Republic〉이나 정치 블로그는 대체로 정치꾼인 척 하는 정책광들로 구성되어 있다.

워싱턴에서 20년을 보낸 후 우리가 내린 결론은, 공화당과 민주당 간의 차이는 이 두 부류들 간의 간극과 비교해 보면 아무 것도 아니라는 것이다. 정책광들은 제임스 카빌James Carville처럼 모든 정치꾼은 다른 행성에서 온 것처럼 여긴다. 반면에, 정치꾼들은 정책광들이 "모두 다 백면서생에 불과하다는" 폴 베갈라Paul Begala의 견해에 공감한다. 정책광들은 자신들이 정치꾼들보다 똑똑하다고 생각하고, 정치꾼들은 똑똑하다는 게 정책광을 의미하는 것이라면, 차라리 멍청한 게 낫다고 여긴다.

우리는 알아야 한다. 우리가 클린튼 행정부 시절에 함께 일하기 시작했을 때, 으리 중 하나는 정치꾼이었고, 다른 하나는 정책광이라고 하는 서로 다른 부류에서 왔다. (우리는 누가 어느 쪽이라는 것을 말하지는 않을 것이다.) 우리는 서로에게 각자의 부류가 갖고 있는 비밀이라든지, 버릇, 속어 같은 것을 가르쳐 주기로 했다. 또한 범죄나 복지, 가족의 가치처럼 한 세대동안 정치와 정책의 교차로에 꼼짝없이 묶여있던 일련의 이슈를 함께 풀어나갔다.

그러는 동안에, 우리는 양편에 대한 불편한 진실을 알게 되었다. 정책광들은 이 세상에서 가장 헛똑똑이 일 것이다. 이론상으로는 어떻게 하면 제대로 돌아가는 지 너무 잘 알면서, 실제로는 아무 것도 모르는 그런 사람들 말이다. 알버트 아인슈타인이 "이 세상에서 가장 이해하기 어려운 일이 소득세"라고 말했다고 아인슈타인의 지적 능력을 의심하지는 마라. 오히려 소득세 양식을 만든 국세청의 머리 좋은 정책광들을 비난해야 할 것이다. 여러분이 가진 게 정책뿐 이라면, 전 세계는 오로지 정책적 해결책으로만 보일 것이다. 클린튼 행정부 내의 정책 전문가들을 너무 많이 접하고 난 뒤, 다니엘 패트릭 모니한 Daniel Patrick Moynihan 상원의원은 한때 우리에게 다음과 같이 경고했다. "모든 문제에 대한 답을 갖고 있지는 않다고 인정하는 사람이라면, 언제든지 내 사무실에서는 환영받을 것이다."

1993년 여론의 주목을 끌었던 일련의 살인 사건들이 발생했고, 이로 인해서 클린튼의 범죄법안에 대한 여론의 지지가 높아졌다. 클린튼의 이 범죄법은 이후 십만 명의 경찰관을 거리에 새로 배치하고, 공격무기 금지, 폭력적 범죄에 대한 엄격한 처벌을 골자로 하였다. 정책광들이 모인 한 단체는 대중들이 원하는 바를 얻을지도 모른다는 생각에 경악해서, 폭력 예방팀을 만들었는데, 이 팀의 유일한 목적은 대중들이 지지하지 않을 아이디어를 신속히 양산해 내는데 있는 것 같았다. 또한 이 태스크포스팀은 한 분과위원회에 "장소에 대한 하위 그룹 Subgroup on Place"이라고 하는 이제까지 들어본 가장 황당한 이름을 붙였었다. 이를 두고 정치꾼들은 두고두고 우스갯거리로 삼고 있다.

 정책광들이 코미디같이 멍청한 짓을 했다면, 정치꾼들은 종종 노골적으로 위험한 편에 속한다. 1993년 대통령의 최고 커뮤니케이션 전략가 몇몇은 좀더 사진이 잘 나오도록 하기 위해서 몇 주 동안 법안 서명식을 연기하고자 하였다. 헌법에 따르면, 의회가 휴회하고 있는 동안에 대통령이 10일 이내에 법안에 서명을 하지 않는다면, 그 법안은 거부되고 입법화되지 않게 된다는 점을 한 정책광이 지적해야만 했다. 정책광들은 여전히 이 일을 두고 정치꾼들을 조롱거리로 삼고 있다.

 1995년, 클린턴 대통령은 똑똑하지만 문제 많은 공화당 전략가인 딕 모리스Dick Morris를 영입해서, 백악관의 정치를 궤도에 다시 올려놓고자 하였다. 모리스는 관료주의에는 유용한 자극이 된다는 점이 드러났다. 왜냐하면, 백악관에서 우리는 소위 "광인이론Madman Theory"을 전개하였기 때문이다. 즉, 우리는 관료들이 우리가 제시한 믿을 만한 안들을 따르지 않으면, 대통령이 아마도 딕 모리스의 정신 나간 제안에 귀 기울일 지도 모른다고 말하곤 했다. 결과적으로 관료들의 생산성은 훌쩍 솟아올랐다.

 정책광들이 모든 문제에 나름대로의 정책 프로그램을 갖고 있는 것처럼, 딕 모리스는 모든 프로그램에 대한 여론조사 수치를 갖고 있었다. 모리스의 정치꾼 스타일의 아이디어가 정책광의 지지를 통과하지 못하면, 이를 탈락시키는 것이 우리의 일이 되었다. 모리스는 매주 적어도 한 가지씩 정신 나간 제안

제1장 정치꾼과 정책광

을 가지고 왔는데, 이것들은 우리가 만약 입법화하고자 한다면, 사무실 밖에서 한참동안 웃음거리가 될만한 것들이었다. 한번은 모리스가 폭력을 조장하는 장난감에 자발적인 경고 라벨을 붙이도록 하자고 제안했다. 그래서 부모들이 장난감 총이 진짜 장난감 총이라는 것을 알 수 있도록 하자는 것이었다.

역사를 훑어보면 정치꾼과 정책광은 정치의 음과 양이었다. 그리고 모든 행정부 내에서 정책광과 정치꾼들은 싸움을 벌였다. 위대한 대통령의 척도는 이 둘 모두를 이해하는 능력에 있다. 대통령이라면, 미국인들의 마음에 있는 진짜 문제를 알아야만 한다. 이를 위해서 대통령에게는 정치꾼이 필요하다. 하지만 궁극적으로 대통령은 또한 이러한 문제를 궁극적으로 해결할 정책이 필요하다. 이를 위해서는 정책광이 필요한 것이다.

정치 제일주의

하지만 지난 몇 년간 무언가 끔찍한 일들이 우리의 정치적 균형을 파괴했다. 정치 세계는 소위 "로브 독감"—당파적 정치 조작에 전념하지 않는 두뇌 부분은 모두 파괴하는 바이러스—라고 불리는 끔찍한 일이 일어나는 것을 겪었다. 이제 정치꾼은 사방에 널려 있게 되었다. 반면에 네안데르탈인으로부터 쫓겨 다니던 털북숭이 맘모스처럼 정책광들은 이제 완전히 전

멸했다.

비록 정치꾼들이 미국의 수도에서 공급 부족이 되었던 적은 없었지만, 지난 4년간 워싱턴에서 일당 지배가 등장하면서 정치꾼들이 전면적으로 공격을 개시하게끔 풀어놓았다. 모든 이슈, 모든 논쟁, 모든 취업 기회는 당파적 이익을 얻는 기회로 보였다. 내부적인 의견차이는 억압되었고, 독립적인 생각들은 좌절되었으며, 정당의 기율은 엄격하게 집행되었다. 그리고 바로 이것이 그들이 우군을 다룬 방식이다.

부시 대통령은 공화당이 지배하는 의회를 통해서 몇몇 큰 정책 변화를 지지했다. 불행하게도, 그의 정책은 문제를 해결한다기보다는 문제를 일으키는데 소질이 있다. 감세 정책은 어마어마한 재정 적자를 낳는데 기름을 부은 격이 되었다. 노인의료보험약처방법Medicare prescription drug law은 10년간 거의 1조 달러의 비용이 들게 되었고, 이는 노인들의 혈압을 치료하기보다는 혈압을 더 올리는데 기여했다.

민주당은 당연하게도 이데올로기적으로 이 모든 전반적인 실패를 비난하는데 열성이었다. 확실히 부시는 근대 시기를 통틀어 백악관을 가장 당파적이고 이데올로기적으로 운영한 것 같다. 감세 정책에 대한 그의 당이 품고 있는 오래된 호감은 이제는 부자들에게 더 적게 요구하는 병적인 필요로 진화해 버렸다. 부시의 일방주의는 미국에 우방은 더 줄어들고 부담과 청구서는 더 늘어나게 만들었다. 하지만 이데올로기는 대통령의 아젠다가 실패한 단지 하나의 이유에 불과하다. 보다 깊은

제1장 정치꾼과 정책광

이유는 더 어둡고, 보다 기분 나쁜 것이다. 부시의 백악관은 자신들의 아젠다에서 정치적으로 얼마나 득을 볼 수 있는지에 너무 집착해서 그 정책이 실제로 제대로 운용될 수 있는지는 단 한번도 묻지 않았다. 그들이 그렇게 하지 않았다는 점은 놀랄만한 일도 아니다.

언론인 론 서스킨드Ron Suskind는 부시의 종교단체후원 법안 발의faith-based initiative에 항의하여 2002년 사임을 했던 탁월한 학자인 존 디일루리오John DiIulio와의 2003년 1월 〈에스콰이어 Esquire〉지 인터뷰에서 맨 처음 여기에 대한 경고를 했다. 디일루리오가 서스킨드에게 말하기를, "이 백악관에서 현재 진행되고 있는 일은 현대 어느 백악관에서도 선례가 없던 것이다. 즉, 정책 기구가 완전히 부재하다. 당신이 보고 있는 것은 모든 게, 정말로 모든 것이, 정치적 조직들에 의해서 운영된 것이다." 그 점을 증명이나 하듯이, 백악관은 디일루리오의 진술이 공개되자마자 이를 부정하도록 했다.

모든 백악관은 정치에 대해서 너무 많이 우려한다. 부시의 백악관은 그 밖의 것에 대해서는 거의 신경도 쓰지 않는다. 디일루리오는 다음과 같이 썼다.

심지어 가장 기본적인 정책에 대한 지식도 없고, 더 알고자 하는 관심도 부족한 놀랄 만한 지경인 것이다. 예를 들어, 꽤 고위직에 있는 사람이 토론에서 저소득층의료보험제Medicaid를 의미하면서 노인의료보험제도Medicare를 말한다든지, 어떤 실제

정책의 찬반에 대해 토론하다가도 금방 정치적 커뮤니케이션, 대 언론 전략 등으로 토론이 옮겨 간다든지 (하는 일이 비일비재하다).

재무부 장관 폴 오닐Paul O'Neal이 부시 행정부를 떠날 때, 그는 사실상 닉슨 시절의 덜 정치적이던 때를 그리워했다. 오닐이 부시 행정부에서 일하던 시절에 대한 책 『충성의 대가The Price of Loyalty』에 대해 서스킨드에게 말하면서, "당시와 현재에 있어 가장 큰 차이는 우리 그룹은 대체로 증거와 분석을 가지고 일한 반면, 칼 로브Karl Rove, 딕 모리스Dick Morris, 캐런 휴즈Karen Hughes 등 이 일당은 대체로 정치에만 주로 집중한 것이지요."

칼 로브 같은 사람을 주요 의사 결정자로 만든 대통령이라면 누구든지 확실히 큰 결정을 잘못 내리게 된다. 심지어 칼 로브나 딕 모리스처럼 가장 재능이 뛰어난 정치꾼조차도 극복하기 힘든 무지한 지점이 있다. 이들이 이해할 수 있는 유일한 결과는 여론조사로부터 나온다.

아마도 숫자로 덕지덕지 칠해진 정치에 대한 가장 최근의 예로 들 수 있는 것이 노인의료보험약처방법일 것이다. 이 법은 높은 의료수가로 진절머리가 난 노인 유권자들의 표를 얻기 위한 방편으로 여겨졌다. 하지만 제약회사의 반대를 완화시키기 위해 이 법은 정부가 약값을 낮추도록 협상하는 것을 금지하게 했다. 이 법안의 가격표에 대한 보수주의자들의 분노를 진정시키고자, 이 법안은 교묘하게 헷갈리게 만들어졌다. 이 법안에 따르면, 처음 2,250달러의 (250달러 공제 후) 75퍼센트는 (정부에서) 지불하고, 이후 수급자의 호주머니에서 지출해야 하는 비용이 3,600달러에 이를 때까지는 아무 것도 보조하지 않는다. 그 집단적 결과는? 곧 모든 사람들이 이 법안을 혐오하게 되었다. 노년층, 보수주의자, 제약업계 그리고 심지어 이 법안에 찬성표를 던진 공화당 의원들까지 말이다.

한 유명한 정치꾼인 탐 스컬리Tom Scully는—당시 보건사회복지부 차관보이고, 이후 의료 분야 로비스트가 되었다—정부 보험 계리사인 리차드 포스터Richard Foster가 처방약법안으로 의료 지출이 얼마나 폭발적으로 늘어나게 되는지를 폭로한다면 해고하겠다고 그를 협박한 것으로 전해진다. 공화당이 도청을 은폐하고 대 공산주의 비밀 전쟁을 수행한 것 때문에 감옥에 갇혔었던 호시절을 기억하는가? 이제 이들은 대규모 사회 지출을 은폐하는 걸로 집중 포화를 받고 있다. 보수주의자들이 마음 편하지 않은 것도 이해할 만하다. 이것은 마치 올리버 노스Oliver North[4]가 백악관 지하에서 비밀리에 취학 전 빈곤아동교육Head Start 프로그램을 운영하는 것과 같다.

---

4) 레이건 행정부 때 이란 콘트라 스캔들을 일으킨 사람이다. 1985, 1986년 미국의 국가안전보장회의는 비밀리에 이란에 무기를 수출하였고, 무기 대금으로 받은 4,800만 달러 중 일부를 빼돌려 니카라과 반군인 콘트라를 지원하였다. 이러한 자금 전용은 국가안전보장회의의 올리버 노스 중령이 새로 NSC의장이 된 존 포인덱스터 소장의 승인을 받아 단행되었다. 이러한 활동은 1984년 미국 의회에서 통과된 볼런드 수정법-콘트라에 대한 미국의 직간접적인 일체의 군사원조를 금지하는 법률-을 위반한 것이다. (출처: 브리태니커 백과사전).-역자 주

더 플랜

보수적 온정주의

부시 대통령은 끈질기게 아닌 것처럼 시늉할 때조차도 정치꾼의 최고통수권자Hack-in-Chief로서 기능하였다. 그가 국정 철학을 묘사하기 위해 했던 고상한 시도를 생각해 보자. 온정적 보수주의, 워싱턴정가의 톤 바꾸기, 책임의 시대와 소유자 사회 Ownership society.

선거라는 관점에서는 이 말들은 각각 너무나 훌륭한 정치적 슬로건이었다. 2000년 선거 캠페인에서, 부시의 온정적 보수주의에 대한 강조는 과거 저소득층 의료보험제도와 노인의료보험, 교육, 환경 분야에서 예산을 많이 삭감하려는 시도로 정부를 일시 폐쇄했던 1995년 예산 전투의 후유증으로 여전히 고생하고 있는 공화당이 보다 친절하고 신사적인 얼굴을 가진 것으로 보이게 하였다. 캠페인 감각에서는 결코 못지않은 빌 클린턴은 이 온정적 보수주의가 자신이 이제껏 들어본 가장 영리한 슬로건이었다고 평하였다. 불행하게도, 이 온정적 보수주의는 또한 가장 공허한 것 중의 하나임이 드러났다.

온정적 보수주의는 한번도 근본적으로 정책 아젠다가 된 적이 없다. 첫 번째로 그리고 가장 우선적으로 이것은 정치적 프로젝트였다. 페기 누난Peggy Noonan이 레이건주의의 어두운 측면으로부터 아버지 부시의 이미지를 보호하기 위해 "보다 더 친절하고 보다 더 신사적인 국가"라는 언어를 주조해 냈듯이, 칼 로브Karl Rove와 그 무리들은 조지 부시가 또 다른 정부개

입 반대론자 공화당원이 아니라는 것을 암시하기 위해 "온정적 보수주의"라는 말을 사용했다. 단기적인 정치적 술책으로는, 이 온정적 보수주의는 기막히게 효과를 발휘하였다. 하지만 국정철학으로서는 이것은 재앙이라고 할 수 있다. 약속의 과잉에 비해, 성과는 충분히 이루어지지 못했다. 부시의 온정주의 아젠다는 2001년 5월 스스로의 손에 의해 사멸되었다. 왜냐하면 그는 1조 6,000억 달러에 이르는 세금감면을 온전히 포함하지 않는 그 어떤 것도 거부권을 행사하겠다고 상원을 협박하던 바로 그 주에, 빈곤과의 새로운 전쟁을 주장했기 때문이다. 부시는 빌 클린튼이 1999년으로 거슬러 올라가서, 다음과 같이 말했을 때 그가 옳았음을 입증했다.

여러분도 아시다시피, 이 온정적 보수주의는 너무 멋지다. 너~무 기막히게 들린다. 그리고 내가 말할 수 있는 한, 온정적 보수주의가 의미하는 바는 바로 이 점이다. "나는 여러분을 좋아합니다. 정말입니다. 그리고 나는 환자의 권리장전을 지지하고 싶습니다. 총기 규제의 허점도 막고 싶고요, 재정 흑자를 탕진하고 싶지도 않습니다. 그리고 여러분도 아시다시피, 다음 세대를 위해서, 사회보장과 노인의료보험을 구하고 싶습니다. 그리고 나도 최저임금을 올리고 싶습니다. 이 일들을 하고 싶습니다. 하지만 할 수가 없습니다. 정말 이점에 대해서 유감으로 여깁니다."

부시가 워싱턴 정가의 톤을 바꾸겠다고 한 약속은 똑 같은 운명을 맞았다. 정치적으로 그 말은 대담하고 기막힌 것이었다. 이 나라는 1990년대 말의 거칠고 극심한 당파성을 넘어서기를 염원했다. 여기서 공화당 후보는 자기 당의 가장 저질적인 저격수 본능을 통제하겠다고 약속하였다. 하지만 대통령으로서, 부시는 불가능해 보이는 것을 했다. 그의 행정부는 사실상 워싱턴을 더 당파적으로 만들었고, 정치적 논쟁의 톤은 보다 더 악의적이고 피상적으로 되었다. 부시는 온정적 보수주의가 되겠다고 약속하면서 집권했지만, 곧 우리로 하여금 다음에는 제발 유능한 보수주의가 오기를 염원하도록 만들었다. 그리고 부패한 보수주의의 전성기를 통치한 것으로 기억될 운명인 것처럼 보인다.

하지만 부시의 정치적 장군과 그들 정치꾼 군단이 결정적으로 참패한 곳은 "책임 시대로의 안내인"과 "소유자 사회"를 창조하고자 하는 부시의 전면적인 야심이 드러난 곳이다. 1996년 복지개혁으로부터 1998년 재정 흑자로의 전환에 이르기까지, 클린턴의 가장 큰 업적은 다른 어떤 가치보다도 "책임"이란 가치야말로 외견상 고치기 힘든 문제를 해결하는 힘을 가진 것임을 보여준 것이었다. 기록적인 재정 적자와 반복되는 정치적 스캔들, 만연된 관료적 무능력함과 대통령이 고집스럽게 실수를 인정하려 들지 않으며, 책임을 누구도 지지 않고, 미국 국민들에게 솔직하지 않은 것을 보면, 책임을 지는 시대는 부시가 백악관을 떠날 때까지는 오지 않을 것이 분명하다.

제1장 정치꾼과 정책광

 2004년 부시의 재선 캠페인 시 주요 공약이었던 "소유자 사회"는 말 한마디 한마디가 훌륭하게 들렸다. 세상에, 백악관은 당장의 문제와 마찬가지로 국가의 장기적인 재정 문제를 다루는 데 대해서도 더 이상 진지하지도 않다. 로브가 공공연하게 설명하듯이, 소유자 사회의 진짜 미덕은 실제적인 게 아니라 정치적이라는 데 있다. 미 공화당의 전략가들은 일거에 부시가 루즈벨트의 뉴딜 정책을 오래된 공화당의 유산으로 바꿔 칠 수 있다고 믿었다. "주식 5,000달러가 있다면, 당신은 18퍼센트 더 공화당 성향이다."라고 세금개혁을 위한 미국인Americans for Tax Reform의 그로버 노퀴스트Grover Norquist가 〈비즈니스 위크〉지에 말했다.

 다행인 것은 부시와 로브는 자신들의 정책적 오만에 대해서 무거운 정치적 대가를 치렀다. 부시의 사회보장안은 정치적 캠페인을 위해 정치꾼들이 틀을 잡은 것인데, 정책광들이 그냥 가볍게 검토해봤는데도 문제점 투성이었다. 이 안에 따르면, 정부는 수조 달러를 빌리지 않을 수 없고, 개인 자금은 위험에 처해지게 되며, 사회보장이 30년 내에 수익이 고갈되는 것을 막기 위한 방책이 없게 되어 있다. 또한 이 안은 개인이 사금융에 돈을 예탁하도록 함으로써 개인의 소유권을 약속하지만, 사회보장제도를 통해 빌린 돈—과 이자—에 대해 개인들이 사회보장제도에 돈을 갚도록 요구하는 결과를 초래할 것이다. 그리고 개인들의 투자가 잘못 되었을 경우에도 상환청구를 할 수 없도록 했다. 그것은 성공하지 못했다.

더 플랜

광란의 정치꾼

　공화당은 미국인들이 정치꾼들이나 정책광들이 상상하는 것 이상으로 훨씬 똑똑하다는 것을 어렵사리 배웠다. 각각의 유권자 층에서 이겨야 하는 절박성에 대한 양 당의 무성한 담론에도 불구하고, 대부분의 미국인들은 똑 같은 정치적 비교의 척도를 적용한다. 즉, 미국인들은 제대로 작동되는 것에만 찬성표를 던진다는 것이다. 심지어 워싱턴에서 조차도 제대로 기능하지 못할 정책을 팔려고 할 정치꾼은 그리 많지 않다. 물론 그럼에도 불구하고 부시가 그런 정책을 시도하는 걸 막지는 못하지만 말이다.

　미국인들이 광란의 정치꾼들이 저지른 6년간의 손실에 대해 살펴보았지만, 잘못된 정책은 단지 시작에 불과하다. 또 다른 공화당원인 드와이트 아이젠하워Dwight Eisenhower는 그의 고별사에서, 의원과 관료, 무기 생산을 늘리고자 열심인 사적 계약자들 간의 "철의 삼각 연대"에 대해 경고한 바 있다. 오늘날의 공화당은 백악관에서 의회, K 스트리트K street의 로비스트에 이르는 일종의 정치꾼 삼각연대를 구축했다. 톰 딜레이Tom Delay는 워싱턴을 떠났을지 모르지만, 그 자리에 있는 사람들은 여전히 그 자리를 지키기 위해 무슨 일이든 할 것이다. 그 자리를 지키면서 살아가는 인간들은 자리에 붙어있기 위해 어떤 일도 개의치 않는다. 그리하여 많은 사적인 이해관계가 걸린 채, 국가가 당면한 문제는 뒤로 밀리고 말았다.

제1장 정치꾼과 정책광

옛날에 인기 있던 비즈니스 모델 중에 "계획된 노후화planned obsolescence"라는 개념이 있었다. 즉, 오래 가지 않을 제품을 만들어, 곧 소비자들이 대체품을 사게끔 하는 그런 계획 말이다. 공화당의 정치 모델은 "계획된 무능력planned incompetence"이다. 관료들이 망치거나, 정부 프로그램이 제대로 작동하지 않는 것을 통해 자연스럽게 국민들의 회의만을 강화시키고 있기 때문이다.

우리는 "할 수 없다can't do"는 행정부를 견뎌 낼 수는 있다. 이미 이전에 겪었기 때문이다. 하지만 미국은 할 수 있다는 정신can do spirit이 사라지는 것을 견딜 수 없을 것이다. 불행하게도 현 행정부는 능력과 이데올로기에서 실패한 정부이다. 정직한 보수주의 대신에 우리는 그 반대에 끼여 있다. 정부는 커지고, 효율성은 떨어진 그런 정부 말이다. "할 수 있는 사람이 한다those who can, do"란 조야한 개인주의가 우리에게 가르쳐 준 것은 "할 수 없는 사람이 통치한다those who can't, govern"는 것이다.

정치꾼들이 이끄는 정부는, 한 당의 정치꾼이 단지 상대당보다 영리하기만 하면 되던 옛날에는 그럭저럭 운영될 수 있었다. 이제 정부가 직면한 도전은 하는 척만 하기에는 너무 어렵게 되었고, 실패하게 되면 그 결과는 너무 끔찍하다.

"피어 팩터Fear Factor[5]"의 프로듀서들이 차기 칼 로브를 찾고자 "아메리칸 아이돌American Idol"을 본떠서 "레드/블루"라고 불

---

5) 미국 NBC에서 2001년 6월부터 방영한 리얼리티 게임 쇼. -역자 주

리는 리얼리티 쇼를 제안했을 때, 우리는 이러한 정치꾼 열기가 걷잡을 수 없이 되었다는 것을 깨달았다. 하지만 우리는 이미 많은 정치꾼들을 경험하면서 이 나라가 더 많은 정치꾼들을 길러 내면서 얻을 것이라고는 아무 것도 없음을 이미 알고 있다.

  이 나라를 전환하기 위해서는 민주당도 이 교훈을 배워야만 한다.

제 2 장
프레임 게임

  공화당의 정치 모델은 이 나라를 나락으로 떨어뜨렸을지 모르지만, 민주당을 당혹시킨다는 핵심 목적에는 정말이지 성공하였다. 부시가 산적한 문제를 해결하지 못한 채 남겨 놓았기에 민주당은 이런 문제를 해결하는 정책광의 천국이 되어야만 했다. 하지만 공화당이 매번 다양한 술수를 써 가면서 선거에서 이길 때마다, 민주당의 반응은 "왜 우리 정치꾼들은 그렇게 할 수 없을까?"하는 식이었다.

  우리가 20년 전 워싱턴에 처음 왔을 때, 민주당의 대의는 정말 별 희망이 없어 보였다. 로널드 레이건 대통령의 집권 중간쯤에, 하원의원 팻 슈뢰더Pat Schroeder는 다음과 같이 말했다. "민주당이 백악관을 되찾기 위해서는 세 가지를 해야 한다. 불행하게도 문제는 아무도 그게 무엇인지 모른다는 것이다." 심지어 2000년과 2004년 선거에서의 뼈아픈 패배에도 불구하고, 민주당은 20년 전보다는 득표수에서는 더 나았다. 최근 들어와서 우리는, 개시 신호 때가 아니라, 연장전이나 막바지 필드 골로 대통령 선거에서 져 왔다.

하지만 2004년 선거에서 우리 문제의 핵심은 낯익은 것이다. 즉 프랭클린 루즈벨트Franklin Roosevelt에서부터 빌 클린튼Bill Clinton에 이르기까지, 민주당은 중산층의 보다 나은 삶을 이루는 것에서 그 명성을 쌓아왔다. 그렇다면 중산층이 민주당에 투표하지 않는다면, 우리는 선거에서 이길 수 없다.

민주당이 몇 십 년 간 압도적으로 공화당에 표를 던졌던 백인 남성과 복음주의자들의 표를 얻지 못했다는 것은 별로 놀랄 일은 아니다. 하지만 2004년 선거에서, 우리는 또한 백인여성과 기혼자들, 자녀가 있는 커플, 고등학교 졸업자, 대학 졸업자, 30대 이상, 30,000달러 이상의 수입을 얻는 유권자들의 표도 얻지 못했다. 반면에 연대를 이루기에는 공통점이 거의 없어 보이는 두 그룹이 우리를 지지해 왔다. 바로 고등학교 중퇴자와 대학원 교육을 받은 사람들이다.

정치 분석가 찰리 쿡Charlie Cook이 지적한 것처럼, 투표 행위를 가장 잘 측정할 수 있는 최근의 척도 중의 하나는, 유권자가 월 마트 (총기 판매를 함) 근처에 사는지―공화당에 투표할 것이라는 것을 의미, 스타벅스(라떼 판매) 근처에 사는지―민주당 성향이라는 것을 의미함―에 따른다는 것이다. 어떤 이는 월마트와 스타벅스 둘 다 가까이 살고 있는, 커피를 많이 마시는 총기 소유자들로 이루어진 수천만의 중요한 부동층을 잡으면 기막힐 것이라고 농담을 던지기도 한다. 다른 한편으로 잊혀진 중산층은 던킨 도너츠에서 줄 서 있다.

단어 찾기

 민주당의 선거에서의 과제가 눈에 보이는 분명한 것이라면—즉, 일반 사람들에게 우리가 그들의 삶이 나아지도록 도울 수 있다는 것을 보이는 것—많은 민주당원들이 내부에서 해 왔던 논쟁은 이런 것들과는 한참 비켜나 있는 것 같다. 공화당은 지난 30년간 다소 비슷한 정치적 틀에 갇혀 있어 왔다. 공화당은 사실 포지티브한 아젠다를 믿지 않기 때문에, 이들은 우리 민주당에 대한 회의를 불러일으킴으로써 선거에서 이겼다. 이에 대한 민주당의 대응 방안은 이론의 여지가 없다. 공화당과는 달리, 우리에게는 이 나라의 문제를 해결할 방법이 있고, 이런 아이디어가 공유되기만 한다면 모든 의심이 일소될 것이다. 하지만 근년에 민주당은 이러한 설득력 있고 이기는 전략을 너무 자주 무시하고, 대신에 공화당의 게임의 룰 하에서 그들을 이기려고 애썼다.
 2004년 총선에서, 악의 없는 유권자들이 민주당의 전반적 원칙이라는 게 우리가 이 나라를 변화시키고 싶어 하는 데 있는 게 아니라, 상대편을 이기고 싶어 하는 데 있다고 결론 내리더라도 (우리로서는) 별 할 말은 없을 것이다. 우리가 관심 갖는 것이라고는 온통 선거에서 이기는 것처럼 보였다. 그리고 결과적으로, 우리는 선거에서 이기는 데에서도 별로 잘 하지도 못했다. 우리는 (선거에서) 질까 봐 두려워서, 우리의 생각을 펴 볼 엄두도 내지 못했다. 이 나라가 당면한 문제를 해결할 답을 진짜로 찾아보는 것 대신, 우리는 컨설턴트를 고용해서 슬로건을 찾도록 했다.

선거 패배가 민주당이 지불해야 했던 유일한 대가는 아니었다. 우리는 우리 자신을 국민들 앞에서 규정할 기회 또한 포기했던 것이다. 2000년 앨 고어처럼, 존 케리도 비전은 좋았다. 하지만, 그는 주로 상대편이 갖고 있는 문제점에 대해 캠페인했다. 가장 최근에 민주당 대통령 지명자로 자신의 아젠다를 선거의 중심에 놓은 사람은 1996년 클린튼이었다(장황하게 말하지는 않겠지만, 클린튼은 이겼다). 이것이 의미하는 바는, 민주당이 미 국민들에게 우리가 무엇을 대표하는 지를 효과적으로 말했던 게 10년 전이었다는 것이다.

민주당 소속 정치 전문가들에게 민주당의 문제가 무엇이냐고 묻는다면, 많은 사람들이 "우리의 메시지가 잘 전달되지 못한다"라고 말할 것이다. 확실히, 보수주의자들은 보다 효과적으로 메시지가 반사되어 나가도록 했고, 대통령 선거는 바로 대통령후보의 캠페인 메시지를 가장 잘 전달할 수 있는 사람이 이긴다는 것은 의심할 의지가 없다.

하지만, 어떤 정당이건 간에 자신의 패배를 커뮤니케이션 문제로 간주해 버리는 정당이라면, 또다시 패배하게 되어 있

제2장 프레임 게임

다. 미 국민들은 정치인들이나 정치 전문가들이 여기는 것보다 훨씬 더 똑똑하고 세련되었다. 십중팔구, 정치꾼들이 완곡하게 "커뮤니케이션 문제"라고 부르는 것은 캠페인이 얼마나 잘 전달 되었는 지와는 거의 상관이 없고, 무엇을 말하려고 하는지와 관련되어 있다. 2004년 선거 결과를 보면 민주당은 자기의 주장이 없으면 논쟁에서 이길 수 없다는 것을 일찍 깨달았어야 했다. 대신 낡은 당이 필요로 하는 것은 새로운 페인트칠이라고 하면서 위기에 처한 민주당을 안심시키려고 하는 자기 수양 책과 연설, 세미나가 넘쳐흘렀다.

이러한 확신을 준 대표적인 인물은 캘리포니아대 언어학 교수이자, 베스트셀러인 『코끼리는 생각하지 마!Don't Think of an Elephant!』의 저자인 조지 레이코프George Lakeoff[6]) 교수이다. 레이코프의 책은 그가 "프레임 의미론"이라고 부르는 것에 대한 연설문을 편집한 것인데, 2004년 이래로 약 25만 부나 팔렸다.

왜 많은 민주당 사람들이 레이코프의 매뉴얼을 덥석 받아들였을까? 왜냐하면, 이 책이 바로 민주당 사람들이 듣고 싶어 하는 것을 말하기 때문이다.

언어학 교수이자, 자칭 "은유 분석가"란 주장이 함의하듯이, 이 책은 민주당의 가장 큰 문제는 우리가 사용하는 언어에 있다고 주장한다. 레이코프는 주장하기를, 진보적인 사람들이 정치 논쟁에서 이기려면, 이 논쟁의 지형을 이루는 개념적 "틀"을

---

6) 이 책은 『코끼리는 생각하지 마』란 제목으로 2006년 삼인에서 한국에서 번역 출판되었다.-역자 주

바꿔야 한다는 것이다. 그에 따르면, 민주당의 논의는 선거민의 집단 무의식에 부딪혀 튕겨 나온다는 것이다. 보수주의자들이 이미 프레임을 만들어놓았던 반면, 우리는 그러지 못했기 때문이라는 것이다.

균형감을 가지고 말한다면, 레이코프가 모든 점에서 틀린 건 아니다. 그는 가치와 아젠다의 중요성을 이해하고 있다. 그는 아이디어의 부재를 "초인지성hypocognition"라고 부른다. 이 개념은 자살이 만연되어 있는 타히티 족에게서 처음 발견되었다고 하는데, 자살이 단연된 이유가 이들 부족에게는 슬픔이라는 개념이 없기 때문이라는 것이다. 한 사람의 틀이 다른 사람에게는 관인 셈이다.

하지만 레이코프는 민주당이 패배한 이유가 단지 공화당이 올바른 단어를 다 선택했기 때문이라고 주장한다는 점에서 전적으로 틀렸다. 그가 즐겨 쓰는 사례는 공화당이 감세tax cut를 "세금 구제tax relief"라고 부르는 걸 배웠다는 것이다. 공화당이 조지 오웰식의 매우 오도되는 말을 사용해서 사람들로 하여금 맹목적으로 선호하게 만든다는 점에서는 그의 말이 맞다. 하지만 솔직해지자. 부시가 감세 대신 "세금 구제"라고 불렀기 때문에 이 법을 통과시킬 수 있었던 것은 아니었다. (그리고 부시는 주로 "감세"라고 불렀다.) 오히려 민주당이 뒤늦게야 자신들의 진짜 세금 개혁안을 냈기 때문에 부시는 자신의 어마어마한 규모의 감세안을 통과시킬 기회를 얻었던 것이다. 이와 같은 세금 논쟁은 민주주의리더십회의Democratic Leadership Council의 설

제2장 프레임 게임

립자인 알 프롬Al From이 다음과 같이 예리하게 관찰했던 점을 드러내준다. 즉 스스로 보수주의자라고 생각하는 세 사람 대 스스로 자유주의자로 여기는 두 사람이 있는 나라에서, 어느 쪽의 아젠다도 충분히 설득적이지 않으면, 공화당이 대체로 부전승으로 이기게 되어 있다.

레이코프의 분석이 정말로 위험한 점은 바로 그것이 민주당이 좋아하는 핑계를 강화한다는 것이다. 즉, 공화당이 성공한 이유는 바로 미국인의 눈을 속였기 때문인 것이고, 우리도 역시 똑 같은 어둠의 기술을 익히기만 하면 곧 이길 수 있다는 것이다. 레이코프가 빌 클린튼의 성공을 어떻게 설명하는지 아래에서 보자.

그는 상대방의 언어를 훔쳤다. 예를 들어서, 클린튼은 "복지개혁"에 대해 말하면서, "큰 정부의 시대는 끝났다."라고 한다. 클린튼은 자신이 하고 싶은 일은 했다. 단지 클린튼은 상대방의 언어를 활용하여, 그의 정책을 묘사하는 데 썼다. 그래서 상대방(공화당)이 열을 받은 것이다. 정말 영리한 기술이다.

실제로, 클린튼은 공화당이 캠페인에서 맨 날 제시만 했지 실제로 집권해서는 실행에 옮기지 않았던 이슈를 되찾았다. 하지만 그는 업적으로 성공했지, 말 때문에 성공한 것은 아니다. 클린튼은 자신의 방식으로 "우리가 알던 복지정책welfare as we know it"과 "큰 정부의 시대the era of big government"를 종식시켰던 것이지 공화당식의 방식은 아니었다.

일부 민주당 사람들은 우리가 거울 앞에 서서 미국인들의 마음을 다시 얻을 언어를 연습해야 한다고 믿고 싶어 한다. "어떻게 극우 세력들은 평균적인 미국인들이 반복해서 자신들의 이익에 반하여 투표하도록 설득할 수 있는지 놀랍지 않은가?" 아리아나 허핑턴Ariana Huffington은 레이코프의 책을 선전하면서, "멍청아, 중요한 것은 프레임이라니까!It's the framing, stupid!"라고 강조하였다. 한 유망한 분석가가 선언하기를, "민주당이 정책이 중요한 것처럼 캠페인 한다면, 공화당은 훨씬 더 근본적이고, 강력한 심리적 수준에서 캠페인을 벌인다."

레이코프는 상대방과 논쟁을 할 때, 프레임의 주요한 원칙은 "상대의 언어를 사용하지 마라"고 주장한다. 상대의 언어는 프레임을 규정한다. 그리고 그 프레임은 당신이 원하는 그런 프레임이 아니다." 하지만 그가 깨닫지 못한 점은 이성보다도 단어가 훨씬 더 중요하다는 전반적인 논지가 바로 공화당의 프레임이고, 이는 한 나라의 장래를 위해서는 틀렸다는 점이다.

만약 우리가 음모 이론을 믿는다면, 우리는 칼 로브만이 민주당은 "매일 모든 이슈에 대해서 틀을 다시 짜는 연습을 하라"고 촉구하는 버클리 출신의 한 언어학자라는 아이디어를 꾸며낼 것이라고 상상할 수 있을 것이다. 공화당은 "엄한 아버지"의 세계관을 제시하고, 민주당은 "자상한 부모"의 세계관을 제시한다고 레이코프가 (로브의 말을 인정이나 하듯이) 말하는 걸

제2장 프레임 게임

보면, 꼭 칼 로브가 말하는 것처럼 들린다. 그는 9.11도 남근숭배적인phallic 말로 묘사한다. "타워는 남근의 권력을 상징한다. 그리고 타워가 붕괴된 것은 권력의 상실감을 강화한다. 또 다른 종류의 남근적 이미지는 여기에서 보다 핵심을 찌른다. 비행기가 화염을 뿜으며 타워에 꽂히고, 공중에서 봤을 때 여성의 질처럼 보이는 펜타곤에 미사일 같은 비행기가 관통한다." 이런 식의 프레임으로는, 도대체 누가 적이 필요하겠는가?

캔자스 시의 문제점

레이코프와 같은 지식인이나 칼 로브와 같은 거리의 전사는 우리는 "우리에게 유리한 방식으로 역사를 요리할 수 있다"라는 정치꾼의 오류를 함께 공유하고 있다. 사실상, 우리는 이 나라가 직면한 큰 도전들 중에서 취사선택하지는 않는다. 더 평화로운 시절에도, 유권자들은 그들이 염두에 둔 것을 선택하지, 정치인들이 결정하는 것은 아니다. 오늘날 우리는 이제껏 다루어 왔던 것에 전력을 다하는 것 이외 달리 선택의 여지가 없다. 그것은 바로 장기화된 테러와의 전쟁, 경제적으로 경쟁력을 갖추도록 하는 오랜 동안의 노력, 여기 국내에서 공동체 문화를 세우고자 하는 멀고 먼 길 말이다.

공화당은 과거 6년간 자기네 입맛대로 이 나라의 장기적 관심사를 경시하고, 일시적으로 대중의 신뢰를 얻을 수 있는 몇

몇 이슈를 가지고 놀면서, 정치적 입지를 쌓아가고자 했다. 2002년 캠페인에서, 공화당은 침체되고 있던 경제를 무시하고는, 9.11이후 안보에 대한 우려를 냉소적으로 이용해 먹었다. 2004년 캠페인에서는, 백악관은 매주 경제나 안보 어느 정책이 더 크게 실패했는지 확신할 수 없어서, 동성간 결혼에 대한 수정헌법안으로 위험을 분산했다. 2006년 초, 유권자들이 워싱턴에서의 변화를 요구하자, 로브는 다시 한번 안보에 대해서 민주당이 과연 믿을 만한지 의구심을 퍼뜨린 중간선거 전략을 이용하는 것을 연설에서 언급하였다.

민주당은 역으로 로브의 전술을 따랐다. 2002년 우리는 주제를 안보에서 경제로 돌리고자 했고, 부시는 국토안보부에 대한 어리석은 논쟁으로 우리를 패배시켰다. 원래 국토안보부는 민주당의 아이디어였고, 문제가 있던 안이었다. 2004년 케리는 동성 간 결혼과 같은 가치문제를 피하고자 했고, 경제와 안보 사이에서 우왕좌왕하더니 이라크 문제에서는 냉탕과 온탕을 오락가락했다. 반면에 공화당은 백악관이라는 큰 메가폰을 손에 쥐고 있었기에, 자신들의 게임 플랜을 실행하는데 훨씬 더 강한 입지에 있었다. 하지만 양측 다 똑 같은 전략을 취했는데, 그것은 자신의 단점을 무시하고 상대의 단점을 이용하는 것이었다.

공화당의 전술적 냉소주의에 놀라서는 안 된다. 공화당이 이미 우리에게 경고하지 않았다고 말할 수는 없다. 그들의 정치적 모델은 이 나라를 운영하기 위해 만들어진 것이 아니라,

제2장 프레임 게임

단지 상대 당을 패배시키기 위한 것이다. 더 놀랄만한 것은 민주당이 기꺼이 동조하려고 하는 점이다. 조지 레이코프의 베스트셀러인 『코끼리는 생각하지 마!』에서는 민주당이 정치적 논쟁의 틀을 바꿔야 한다고 주장한다면, 토마스 프랭크 Thomas Frank의 베스트 셀러인 『캔자스의 문제가 뭐지? What's the Matter with Kansas?』에서는 민주당이 공화당처럼 주제를 바꾸도록 해야 한다고 한다.

프랭크의 책은 그의 고향 캔자스에 대한 흥미로운 중상모략인데, 왜 과거 30년 간 미국의 많은 노동자층과 중산층이 민주당을 떠났는지에 대한 이야기를 하고자 한다. 하지만 캔자스는 그렇게 유용한 사례가 되지 못했음이 드러났다. 왜냐하면 캔자스 주에서는 1932년 이후로 민주당이 한번도 상원의원으로 당선된 적이 없었기 때문이다. 하지만 프랭크는 왜 많은 유권자들이 경제적 이슈보다 문화적 이슈를 우선시하는지 알고자 캔자스 주와 그가 사는 중상층 교외지역을 탐색했다. 그는 "미국의 문제가 무엇인가?"라고 하는 장章에서, "미국의 정치적 삶이란 주로 서민들이 자신들의 근본적 이해관계를 잘못 이해하는 것에 관한 이야기들이다. 이와 같은 종류의 궤도이탈이 우리의 시민적 질서의 기반인 것이다."라고 선언한다.

프랭크의 관점에서는, 보통의 미국인들은 자신들의 경제적인 이해가 걸린 문제를 투표해야 할 때도, 총기나 낙태, 안보와 같은 잘못된 이슈에 신경 쓰도록 속아 왔다는 것이다. 그는 보수주의자들이 이런 문화적 반동에 기름을 부었다고 비판한다. 그리고 민주당이 계급 전쟁을 방기했다고 특히 비난을 퍼붓는다.

민주당은 하루하루 점점 더 야만적이고 거만해지는 자유 시장 체제의 실패의 끄트머리에 있는 사람들에게 말하지 않는다. 한때 민주당을 확연하게 공화당과 구분 지웠던 계급적 언어를 포기함으로써, 민주당은 총기니 낙태니 하는 문화적 균열 이슈[7]에 취약하게 되었다. 이러한(문화적) 환각적인 소구들은 보통은 물질적 관심에 의해 훨씬 압도되기 마련인 것들이다.

만약 미국의 노동계급이 스스로 엘리트의 음모로 인한 희생자로 느끼게 된다면, 아마도 프랭크는 바로 자본주의의 음모로 인한 희생자처럼 느끼지 못하게 만든 게 민주당의 잘못이라고 말하는 듯하다.

공화당의 의도에 의문을 제기한다는 점에서는 프랭크가 맞지만, 미국인들의 의도에 의문을 표한다는 것은 잘못된 것이다. 경제적 이슈 대신 문화적 이슈로 투표한다고 사람들이 정신 나간 얼간이가 되는 것은 아니다. 부유한 교외지역 거주자들이 낙태권리나 환경 문제에 따라 후보자를 뽑는 것을 인정한다면, 블루칼라 노동자들이 돈이 아니라 신념이나 양심을 기준

---

[7] 이는 보통 한 정당이 다른 정당의 내부를 균열시키기 위한 정치적 목적 하에 이슈를 고안해내는 것을 말한다. 예를 들어 과거 노무현 정권 초기에 한나라당이 대북송금 특검을 제기한 것은 개혁세력 내부를 균열시키고자 한 것이다. -역자 주

으로 삼는 것이 틀렸다고 하는 것은 그들을 모욕하는 것이다.

민주당은 그러한 유권자의 표심을 단지 주제를 바꾸거나, 목청을 높인다고 다시 되얻지는 못할 것이다. 공화당의 계략을 이기는 가장 좋은 방법은 공화당 방식의 게임을 중단하는 것이다. 모든 이슈를 당파적으로 유리하게 돌리려는 길을 모색하는 것보다, 우리는 더 큰 문제를 이 나라에 유리하게 다루도록 시작해야 한다. 부시 행정부의 붕괴가 증명하는 것처럼, 오랫동안 주제를 바꾸는 것이 가능하지는 않다. 민주당은 안보문제를 간과할 수 없다. 공화당은 또한 경제문제를 무시할 수 없다. 그리고 양쪽 모두 계급적, 문화적 문제에 불을 붙이기보다는 이런 문제를 푸는 것을 배워야만 할 것이다.

해답 찾기

민주당이 결별해야 할 마지막 신화는 "반대, 반대, 반대"식으로 무조건 반대만 하면 그것이 야당의 입지에서 벗어날 수 있는 성공적인 공식이라는 생각이다. 성공적인 반대는 반대뿐만 아니라 대안을 제안도 해야 하는 것이고, 둘 다를 잘 해야 하는 것이다. 의회 내 민주당 의원들은 공화당이 잘못 할 때마다―그게 너무 자주 일어나는데―공화당에 확고하게 반대해야 하는 의무가 있다. 하지만 동시에 우리는 우리 자신과 미래에 이 나라가 따라갈 명확한 대안적 경로를 제시해야 하는 의무도 있다. 마크 펜Mark Penn이 〈블루프린트Blueprint〉의 최근 조사에서 발견한 것처럼, 미국인 4명 중 3명—민주당원 6명 중 5명—은 공화당이 잘못한 걸 듣는 것보다 민주당의 아젠다를 더 듣고 싶어 한다.

결국 정치의 목적은 옳은 언어를 구사하거나 그럴듯한 말을 하는데 있는 것이 아니라, 적절한 해답을 찾는데 있다. 이를 위해서는 계산이 아니라 용기가 필요하다. 10년 전, 빌 클린튼은 아마도 그의 대통령 임기 중 가장 어려운 결정—전반적인 복지개혁안을 입법화하는데 서명할 것인지—을 내려야만 했다. 심지어 우리들 중에서 그와 수년 간 일했던 사람들조차도 클린튼이 어떤 결정을 내릴지 몰랐다. 그 법안은 극심한 딜레마에 처해 있었다. 한편으로, 그 법안은 "우리가 알던 복지정책을 종식"시키고자 하는 클린튼의 대표적 공약을 이행하는 것이었다. 즉, 복지수급자가 일하도록 요구하고, 또한 이들이 일할 수 있도록 아동복지와 의료 혜택을 받을 수 있도록 하며, 이혼 후 자녀 양육비를 지불해야 하는 데 이를 제대로 이행하지 않는 부모를 엄벌에 처하며, 사람들이 직업을 구하고 독립할 수 있도록 도와서 이들이 더 이상 복지시스템에 기댈 필요가 없도록 하는 것이었다. 이전의 두 법안에 거부권을 행사함으로써, 클린튼은 가난한 아이들을 위한 의료보험과 영양을 보장하는 정책을 지켰고, 공화당 의원들이 복지수급자들이 일하는데 더 많은 예산을 배정하도록 압력을 행사했다. 클린튼은 자신이 그 법안에 거부권을 행사한다면, 망가진 시스템을 개선할 기회

제2장 프레임 게임

는 재임 기간 내에 절대 오지 않을 것이라는 것을 과거 역사로부터 알고 있었다. 다른 한편으로, 공화당은 합법적인 이민자들에 대한 수혜를 야비하게 깎자고 주장했고, 이것이 클린튼의 피를 끓게 했다. 더구나, 많은 민주당 사람들은 애초부터 복지 정책을 근본적으로 개혁하고자 하는 클린튼의 욕구를 공유하고 있지도 않았다. 민주당 의원들은 법안에 대해 찬반양론으로 정확히 반분되어 있었다. 행정부 내에서도, 우리들 중 법안을 지지했던 사람은 수적으로 무척 적었다.

바깥에서는 이 전반적인 논쟁을 정치적 결정으로만 보았다. 하지만 클린튼에게 정치는 우선 관심사에서 제일 뒤로 밀려나 있었다. 그는 이미 재선에 유리한 가도를 달리고 있었고, 대통령령을 통해 유권자들을 만족시키기에 충분한 행보를 보인 바 있다. 즉 대통령령을 내려 아동지원 기금을 증액하고, (복지수급의) 기간 제한과 노동 요구 조건을 부과하며, 생활보호를 받는 10대 미혼모들이 공적 지원을 받는 대신 집에 머무르고, 학교에 다니도록 했다. 그는 43개 주에서 복지개혁 실험을 승인했으며, 이는 이전의 모든 행정부에서 했던 것을 다 합친 것보다 수가 많은 것이다. 클린튼이 정치적으로 이슈를 결정하고자 원했었다면, 클린튼은 단지 자기 당을 만족시키기 위해 법안을 거부하거나, 이슈를 중립화시키고자 서명할 수 있었다. 하지만, 워싱턴에 있는 어느 정치인보다, 주지사로서 클린튼은 복지 사무실에서 더 많은 시간을 보냈던 인물이다. 그는 릴리 하든Lillie Harden같은 사람에게 올바른 일을 하고 싶어 했다. 릴리

하든은 클린튼에게 생활보호를 더 이상 받지 않게 되어서 가장 좋은 일은 자기 아들이 엄마 직업이 무엇인지 질문했을 때 대답을 할 수 있게 될 것이라고 말했다.

클린튼이 백악관의 로즈 가든을 지나서 캐비닛 룸에 있는 우리에게 합류하러 오는 것을 보면서도, 그가 무엇을 하려는지 아무도 몰랐다. 그는 우리에게 정치는 한쪽으로 제쳐 두고, 그 법안에 대해 우리가 희망하고, 두려워하는 점과 기대하는 점을 말하자고 요청하는 것으로 시작했다. 뒤이은 논쟁은 우리가 이제까지 경험한 것 중에서 가장 특별한 것이었다. 모두가 대통령이 내려야 하는 결정의 역사적 중요성을 감지했고, 클린튼이 타협해내야만 하는 솔직한 의견 차이를 존중했다. "그것은 매우 감동적인 것이었지요."라고 클린튼은 이후에 말했다. "이 법안에 서명해야 할 지, 거부해야 할지에 대해 백악관 고문들 간에도 의견이 상당히 일치되지 않았지요. 하지만 그들 모두 상대방이 주장하는 힘을 인정했던 겁니다."

흔히 그랬던 것처럼, 클린튼은 자기식의 종합을 이끌어 내었다. 즉, 먼저 법안에 서명을 하고, 의회가 이후에 이민자 삭감을 복구하도록 하는 것이었다. 그리고 이것은 먹혀들었다. 복지개혁법안은 한 세대에서 가장 성공적인 사회정책 실험이 되었다. 수백만의 사람들이 일자리를 구해 복지수급 상태를 떠났고, 사회복지 건수도 반으로 줄었으며, 여전히 복지수급 대상자인 사람들은 5배나 더 일할 가능성이 있게 된 것이다. 인구 통계국에 따르면, 1998년부터 2001년까지, 미혼모의 빈곤은 놀랍게도

제2장 프레임 게임

3분의 1로 떨어졌고, 이는 이제까지의 기록 중에서 가장 낮은 비율이다. 결국 클린튼은 자신의 약속 둘 다를 지켜냈다. 이민자 삭감을 복원시키고, 복지수급을 삶의 방식이 아니라, 제2의 기회로 만든 것이다.

클린튼이 복지법안에 서명하기로 결정한 것은—일년 전 그의 많은 고문들의 의견을 기각하고, 균형예산을 추구하기로 한 결정처럼—바로 신념에서 우러나온 것이다. 하지만 그는 진보주의자가 결코 잊어서는 안 되는 것을 이해하고 있었다. 즉, 우리는 정부를 구하기 위해서 정부를 개혁해야만 한다. 1970년대 80년대, 90년대 초 복지와 범죄, 재정 적자가 급증하는 것을 지켜보면서, 미국인들에게는 국가가 큰 문제를 해결할 능력이 있을 것이라는 믿음이 없어졌다. 클린튼이 말하곤 하듯이, 대부분의 사람들은 연방정부가 무능해서 두 대의 차를 묶어서 장례식으로 가는 정도도 못할 것이라고 생각했다. 하지만 클린튼이 복지개혁안과 균형예산안에 서명을 하고, 미국에 가장 낮은 복지수혜율을 가져오고, 빈곤을 상당한 정도로 낮추며, 1960년대 이래 처음으로 예산이 남아돌자, 정부에 대한 대중들의 신뢰는 급증했다. 클린튼은 사람들이 정부를 신뢰하지 않은 한 성공적인 진보주의자가 될 수 없으며, 또한 사람들은 정부가 올바른 일을 하고 잘 실행할 것이라는 확신이 서야만, 정부를 신뢰할 것이라는 것을 안 것이다.

승리를 얻는 비밀은 단순히 더 나은 전술에 있는 것은 아니다. 보다 확고한 동원력이나 보다 나은 유권자 표 구하기 게임,

더 날카로워진 공격적인 광고 이런 것들이 아니다. 미국인들은 해답을 구하고 있다. 다른 모든 것은 그저 정치적인 것일 뿐이다.

제 3 장

오지와 해리어트는
더 이상 여기서 살지 않는다[8]

역사는 지난 몇 년간을 완벽한 재앙—낡고 실패한 정치와 낡고 실패한 경제 제도간의 구조적인 충돌—으로 회고할 것이다. 미국은 무엇을 잃었는지 확실히 보기 위해 (이러한 충돌로 생긴) 파편들을 치워야만 할 것이다.

우리 둘 다 40대로, 거울을 보고 흰 머리를 발견하더라도 나이가 듦에 따라 지혜도 늘어가는 신호로 여기고 반길 만큼 여전히 젊다. 하지만, 실제적인 목적에도 불구하고, 우리가 자란 세계는 더 이상 존재하지 않는다. 우리 이전의 세대는 기회와 확실성의 땅을 건설했다. 이 땅에는, 일생동안 일할 수 있는 직장이 있고, 한 사람의 월급으로도 가족 전체를 부양하고, 모

---

[8] 이 제목은 50년대에 미국을 풍미했던 가족 드라마인 "오지와 해리어트의 모험 Adventures of Ozzie and Harriet"을 말한다. 이 드라마는 미국인들이 낭만적으로 이상화하는 근대의 가족의 가치를 상징하는 것으로 흔히 비유된다.—역자 주

기지 하나로도 집을 살 수 있으며, 연금으로 안전한 은퇴가 보장되며, 한 세대가 몇 십 년간 열심히 일하고 희생하면 다음 세대는 보다 나은 생활을 영위할 수 있는 그런 곳이었다. 이러한 확실성이 바로 미국의 안전망이었다. 그리고 하나씩 하나씩 경제적 사회적 변화로 인해 이러한 확실성이 사라져 버린 것이었다.

미국이 전후 세계의 붐이 지나가도록 하는데 주저했다고 비난할 수만은 없다. 실질적으로 가구당 평균 수입은 1950년에서 1973년 사이에 두 배로 늘어났다. 그 이후로 30년간은 약 25퍼센트나 늘어나기도 했다. 더구나 이러한 증가세의 4분의 3이 클린튼 시기에 이루어졌다. 지난 30년 간 미국은 이제까지 손에 잡고 있던 기회와 안전이 솔솔 빠져 나가고 있다고 느꼈고 이를 다시 붙잡고자 할 수 있는 일은 다하고자 했다. 미국인들은 더 열심히 일했고, 직장에 더 오래 머무르며, 더 많은 빚에 의존했다. 많은 사람들에게, 중산층의 삶은 블록쌓기 게임을 닮아가게 되었다. 우리가 당연하게 여겼던 확실성이 하나 둘씩 뽑혀 나가게 됨에 따라, 미국인들은 전체 구조가 우르르 붕괴될 그 순간을 어떻게 늦출 것인가 궁리하고 있다.

정치인들도 이런 세계가 사라지기를 원하지 않는다. 각 정당들도 좋았던 시대가 돌아오고 있다느니, 아니면 이러한 확실성이 사라져 가고 있다는 사실을 부인하는 식으로 혹은 동시에 그 둘 다를 하는 식으로 하면서 공약을 내걸고 있다. 저쪽에서 도덕적 쇠퇴를 비난하고, 우리 쪽에서 수입이 괜찮은 일이 자

제3장 오지와 해리어트는 더 이상 여기서 살지 않는다

꾸 줄어드는 추세를 한탄할 때, 양쪽에서 놓치고 있는 것은 바로 잃어버린 시대의 문화적 경제적 믿음인 것이다. 우리는 고화질 평면 TV를 향유하지만, 우리의 꿈은 여전히 흑백상태에 놓여 있다. "오지와 해리어트"는 더 이상 여기서 살지 않지만, 그들의 아이들은 이제 오지와 해리어트의 시대가 간 이후 무엇을 할 것인지를 두고 옥신각신 다투기만 하고 있다.

미국이 잃어버린 것들

우리는 시계를 1950년대로 되돌리고자 하는 것은 아니다. 우리가 그렇게 하고자 한다면, 우리는 공화당 연방대법원 지명자의 길을 택했을 것이다.9) 하지만, 우리가 다음 50년간 직면할 도전의 길을 그려보면, 과거 50년 간 우리가 무엇을 잃어 버렸고, 얻었는지를 반추해 보는 것은 의미가 있을 것이다.

어떤 측면에서는, 과거 반세기는 특별한 진보의 역사이다. 초당적 노력을 통해서, 미국은 냉전에서 이겼다. 베를린 장벽에서부터 라틴 아메리카에 이르기까지, 자유는 억압에 승리를 거뒀다. 국내적으로는 흑백 분리를 극복하고, 민권과 평등권을 옹호했으며, 빈곤을 줄이고, 기회의 문을 더 많이 열었다. 비록, 이 기회의 문이 아직까지 충분히 활짝 열려 있지는 않다 하더

---

9) 저자는 여기서 냉소적 유머를 통해서, 공화당 대법원이 얼마나 퇴행적으로 판결을 내리는지를 조소하고 있다.-역자 주

라도 말이다. 또한 우리는 달에도 도달했고, 인터넷도 발명했다. 이 인터넷의 발명은 전보, 전화, 텔레비전과 함께 인류의 삶을 변화시킨 미국의 발명품의 전당에 올려져 있다. 우리는 지구상에서 가장 부유하고, 가장 역동적이며, 가장 다양한 사회에 살고 있다. 그리고 미국은 그 이전 어느 누구보다도 경제적 군사적 초강대국인 것이다.

하지만 전형적인 미국 가정에게 이는 별로 의미가 없다. 제너럴 모터스 직원들에게는 미국은 더 이상 경제적 초강대국으로 느껴지지 않는다. 20세기 미국의 위대함의 상징이었던 제너럴 모터스는 21세기인 지금 근근이 버티고 있을 뿐이다. 초강대국이란 것이 전쟁에서 이기고 국민들이 안전하게 느끼게끔 하는 것으로 생각하도록 배워온 미국인들에게는 세계 유일의 군사적 초강대국으로 역사 위를 활보하는 것이 그렇게 만족스럽지는 못하다. 워싱턴이 국내외적으로 그렇게 엉망으로 망치지만 않았다면, 전 세계적으로 민주주의를 확산시키는 것이 훨씬 더 만족스러운 일일 것이다. 미국인들은 기회의 땅에 사는 것을 자랑스럽게 여기지만, 그런 말들이 단지 삶의 기반을 잃지 않기 위해 이전보다 더 열심히 일해야 하는 것이 아니라, 살림살이가 좀 더 나아지고, 더 나은 삶을 사는 기회임을 분명히 의미했던 그런 시절을 갈망한다. 지구상의 어떤 국민들보다도 우리 미국인은 기꺼이 변화를 받아들인다. 하지만 또한 변화라는 것이 진보를 가져오는 것으로 여기는 미국인 고유의 믿음을 우리는 고수한다.

제3장 오지와 해리어트는 더 이상 여기서 살지 않는다

우리가 가장 부유하고, 가장 강하면서도 여전히 우리가 뒤쳐지고 있는 것처럼 느껴진다면, 뭔가가 잘못되어 가고 있다. 이것이 바로 새로운 시대의 엄청난 패러독스이다. 우리 경제의 역동성과 우리 국민의 성공을 잇는 다리가 끊어져 있다.

80년대식의 쇼

대부분의 미국인들이 겪고 있는 것을 생각해본다면, 우리가 직면한 어마어마한 도전을 미국 정치가 다루기를 거부한다는 것은 범죄 행위이다. 미국의 비즈니스 지도자들은 이러한 새로운 시대에, 가장 첫 번째 규칙은 "변화하라, 그러지 않으면 죽는다"라는 걸 안다. 미국의 정치지도자들은 똑같은 규칙이 마찬가지로 우리 영역에도 적용된다는 걸 알게 될 것이다.

우리는 30년 전, 디스코 볼 아래에서 춤추고, 개인용 컴퓨터라고는 들어보지도 못했던 그런 시대에 만들어진 공화당의 경제 논리를 갖고 여전히 논쟁을 벌이고 있다. 공화당의 "빌려서 쓰고 보자"는 식은 완전히 다른 경제적 압력이 있던 세계를 위해 만들어졌던 것이고, 그 당시조차도 이 방법은 실패했다. 공급 측면의 경제학에서 감세 노선은 미국 정치의 레저용 차량이라고 할 수 있다. 즉, 잘 팔리지만 운행하기에는 돈을 잡아먹으면서, 미래로 향한 길에는 그다지 맞지 않는 그런 것이다.

1980년대 심각한 경제적 경쟁의 첫 근대적 파도가 독일과 일본의 효율적이고 정교한 자동차의 모습으로 우리 해안에 도달했을 때, 미국의 비즈니스는 이 새로운 시대에 살아남기 위해서는 우리의 게임을 향상시켜야 한다는 것을 재빨리 깨달았다. 기업들은 산업화 시대에서 정보화 시대로의 전환이라는 도전에 부응하기 위해 대비했다. 심지어 처음에는 변화에 저항하다가 혼다와 토요다에게 고객을 빼앗기기만 했던 미국의 자동차 업체들도 결국에는 미국산 자동차의 품질―연비의 효율성은 아니라 하더라도―을 향상시키는 것으로 변화에 부응했다.

미국의 비즈니스계가 지구적인 위협에 대처하기 위해 품질을 향상하고, 규모를 줄이고, 스스로 변혁을 꾀했다면, 1980년대 워싱턴은 딱 그 반대로 갔다. 레이건 행정부는 어마어마한 규모의 감세 정책을 밀어붙이고, 의회와 함께 세출을 늘리는데 앞장서서 재정 적자와 무역 손실이 엄청나게 되면서, 수조 달러의 국가채무를 추가했던 것이다.

귀에 익숙하지 않은가? 지난 10년간의 장기적인 호황이 멈추게 된 이후로, 미국이 세계에서 직면한 경제적 도전은 점차 명확해졌다. 무자비한 경제적 경쟁으로 미국의 기업들은 비용을 줄일 수밖에 없게 되었고, 가격을 올린다는 것은 더 힘들게 되었다. 고용주들이 임금 상승을 감당할 수 없게 되었기 때문에, 미국인들의 수입은 역사상 처음으로 연속해서 4년간 제자리걸음이었다. 이제 비용을 줄여야 하는 압력이 거세지면서, 고용주들은 연금과 의료보험을 적용하는 범위를 줄이지 않을 수 없게 되었다. 미국에서 가장 잘 운영되는 회사 중의 하나인

제3장 오지와 해리어트는 더 이상 여기서 살지 않는다

IBM은 확정기여형 기업연금제도인 401(k)[10]에 지출되도록 한 연금 계획을 포기했다. 가장 운영이 잘 안되던 기업 중의 하나인 GM은 단지 파산을 막기 위해 이것저것 (직원들에게 주던) 혜택을 줄이고 있다.

미국 내 모든 기업들은 이 새로운 시대의 경쟁적 압박에서 살아남기 위해 애쓰고 있다. 하지만 워싱턴으로 가보면, 공화당은 마치 1980년대로 다시 돌아간 것처럼 행동한다. 매년 공화당은 엄청난 규모의 세금 감면을 통과시킨다. 레이건처럼 공화당 의원들은 세출 과다에 대해 반대하는 것처럼 입으로는 말하면서, 세출 과다를 기꺼이 받아들인다. 워싱턴은 전 세계적인 도전에 직면해서는 감세와 재정 및 무역 적자, 수조 달러의 잉여를 탕진하는 것으로, 그리고 수조 달러를 국가채무에 더 보태는 것으로 반응하는 것이다.

공화당을 믿을 수 있는 점도 있기는 하다. 적어도 그들은 일관되니까. 우리가 조지 부시에 대해 뭐라고 말하든지 간에, 우리는 영원히 그에게 빚지고 있을 것이다.

가족 문제

새로운 시대의 도래는 워싱턴에서는 아마도 뉴스가 될지도

---

10) 401(k)는 확정기여형 기업연금제도를 일컫는 것으로, 내국세입법 401조를 따라서 이름이 붙여졌다.-역자 주

모르지만, 미 국민들에게는 뉴스가 되지 못한다. 지금까지 21세기는 그들이 원했던 식이 되지 못했었다. 9.11의 충격과 이후 테러와의 전쟁이 몇 십 년간 계속될 수도 있겠다고 깨닫게 된 것만도 충분히 좋지 못한 소식이다. 낡은 경제적 확실성이 사라지는 것은 보다 점진적으로 진행되지만, 그에 못지않게 심각한 것이다. 연방준비은행에 따르면, 2001~2004년 사이 인플레이션 이후 가구당 평균 수입은 2.3퍼센트 떨어졌다. 한편, 미국의 수도에서는 의회가 매년 봉급을 올리는데, 그 곳의 많은 지도자들은 미국의 대다수 사람들이 수입이 올라가지 않고 4년을 버티게 되면 어떤 기분이 들지 알지 못한다. 의회와 달리, 보통 사람들은 생존하기 위해 자신들의 경제정책을 바꿔야 했다. 1970년대의 경제적 어려움으로 5, 60년대에 서서히 올라가고 있던 생활수준이 제자리에 멈추게 되자, 각 가정은 많은 여성들을 직장으로 보내는 것으로 적응했다. 가족 및 직업 연구소the Families and Work Institute에 따르면, 맞벌이 가족은 이제 주당 평균 91시간을 일하는 것으로 나타났다. 이는 25년 전보다도 무려 10시간이나 더 많은 것이다. 미국의 비즈니스계처럼, 미국의 가족도 규모를 줄여 왔다. 아이를 갖기까지는 더 오래 기다리고, 자녀를 갖는다 하더라도 (이전보다) 적게 가진다.

최근 십 년 동안에 중산층은 이미 보다 과감한 수단을 고려하지 않을 수 없었다. 주택 구입 붐과 낮은 이자율 덕분에 미국인들은 주택을 담보로 대출을 많이 받을 수 있게 되었다. 작년에 가구 부채는 거의 12퍼센트나 늘어났고, 이는 20년간 가장

제3장 오지와 해리어트는 더 이상 여기서 살지 않는다

빠른 증가세이다. 세후 수입 대 부채의 비율은 1980년대의 2배이다. 수입은 동결되고, 의료보험이나 전기세, 대학 등록금과 같은 필수적인 비용들이 급격하게 늘어남에 따라, 많은 가정에서는 이제 그들이 남겨 두었던 저수지의 물을 틀지 않을 수 없게 되었다. 바로 신용카드인 것이다. 평균적인 신용카드 부채는 지난 10년간 두 배 이상 늘어서 2004년에는 9,312달러를 기록했다. 가족이 만약 기업이라면, 문제를 해결하기 보다는 지연시킬 수 있을 것이다. 사실 많은 가정에서 바로 그렇게 하고 있다. 4,600만 명이라는 기록적인 수의 미국인이 현재 의료보험 없이 지내고 있다. 그리고 한 해 특정 시점에서는 의료보험 혜택을 못 받는 사람이 거의 2배에 이르기도 한다. 파산 신청을 어렵게 만들려고 하는 워싱턴의 야비하면서도 성공적인 시도에도 불구하고, 작년에 200만 명이나 기록적으로 파산을 신청했다. 고용주들이 연금 규모를 축소하려고 하는 것처럼, 미국인들은 저축을 줄이고 있다. 작년에 미국은 대공황의 침체 하에 있던 1933년 이래 처음으로, 마이너스 저축률을 기록했다. 사실상 미국이 고려하지 않을 기업의 유일한 필사적인 행위는 외국기업에 매각하는 것이다. 물론 2,500억 달러를 중국에서 빌림으로써, 워싱턴에 있는 중국의 충실한 하인들은 중국을 위해 기업의 인수인계를 처리하고자 한다.

평균적인 노동자들은 또 다른 짜증나는 현상을 경험한다. 바로 수입은 오르지 않으면서 경기가 회복되는 것이다. 생산성은 올라가지만, 임금은 오르지 않는다. 고용 없는 경제 다음으로 임금 없는 경기 회복이 뒤따른다면, 대부분의 미국인들이 생각하기에 경제가 진로를 이탈했다고 보는 것도 놀랄 일은 아닌 것이다. 서비스 부문이 성장하고, 전문직이 번창하고 있는 것은 보이지만, 경제가 한때 좋았던 과거의 중산층 직업을 창출하는 것으로는 더 이상 보이지 않는다.

미국 경제가 망가지지는 않는다. 2005년 국내 총생산은 3.3퍼센트나 성장했고, 미국 기업들은 한 번 더 기록적인 이익을 향유했다.

하지만, 미국의 중산층들은 지탱할 수 없는 위치에 있다. 사람들은 이미 열심히 일하고 있고, 이 이상 더 열심히 일할 수는 없을 것이다. 또한 줄일래야 더 이상 줄일 수 있는 비용도 없고, 돈을 빌릴 수 있는 곳도 더 이상 없게 되었다.

공화당의 치고 빠지기

1990년대에 민주당은 이 새로운 시대에 대비하여 미국의 정책을 혁신하고자 하였다. 클린튼 대통령은 1993년 민주당 의회와 1997년 공화당이 장악한 의회를 설득하여 30여 년 만에 처음으로 균형예산을 이루고자 하였다. 클린튼은 점점 더 의무가 늘어나는 노령화 사회에서 세금 감면이 별로 필요 없는 사람들에게 세금을 많이 깎아 줄 수 없다는 것을 보인 것이다. 클린튼은 또한 민주당과 미국에 도전해서 무역 확대가 가져올 이점을

제3장 오지와 해리어트는 더 이상 여기서 살지 않는다

인식시켰을 뿐만 아니라, 또한 승자의 서클을 확대할 필요성을 알리고, 세계화의 힘이 국내적으로 사회 계약을 잠식하지 않도록 했다.

공화당이 권력을 넘겨받은 이후로, 공화당은 연방관료를 비대하게 만들었으며, 의료보험 부문의 효율성을 저해하는 의약법을 통과시켰다. 또한 기업이 경쟁을 피하도록 하는 특권적인 뇌물 문화를 조장했다. 그들은 진보보다는 분열을 강요했다. 왜냐하면, 안보문제에서부터 무역 및 문화적 이슈에 이르기까지 분열은 단기적으로 공화당에게 당파적인 이득이 되었기 때문이다.

한 세기 전 철학자 윌리엄 제임스는 "전쟁의 도덕적 등가물 moral equivalent of war"을 고취함으로써 잠자고 있던 나라를 깨어나게 했다. 지금 세기는 대신에 워싱턴의 경제적 방임과 재정적 무모함, 정치적 당파 논쟁으로 "굴복의 도덕적 등가성"을 요구하였다. 공화당은 그들이 집권하는 한 미국은 결코 "꼬리를 빼고 도망가지는" 않을 것이라고 거듭해서 거만스럽게 말한다. 하지만, 우리 시대의 주요한 질문에 대답도 하지 않은 채—즉, 어떻게 미국이 경제적 삶의 전쟁에서 이길 수 있을 것인가에 대해—부시 행정부는 애초부터 꼬리를 빼고 내뺐다.

바로 아래에 나열한 이러한 것들이 공화당의 승리를 위한 분명한 게임 계획이다. 즉, 중국과 인도에 있는 우리의 경쟁자들이 자국의 국민들이 경쟁력을 키우기 위해 필요한 교육을 받도록 할 수 있는 일이라면 뭐든지 한다면, 반면에 미국은 자국민들이 새로운 기술을 습득하는 것을 더 어렵게 만드는 것이다. 우리의 경쟁자들이 마음대로 무역법을 어기는 것을 허용하면서, 우리 경제가 성장하는데 필요한 무역 확대에 대한 공적 지원을 침해한다. 의료보험이나 에너지 문제처럼 국가적 리더십이 없다면 풀기 힘든 그런 이슈를 부분적으로만 땜질하는 것이다. 골칫거리 사회보장 문제를 더 악화시킴으로써, 사회 계약에서 처음으로 광범위하게 찢겨져 드러난 연금 고갈 문제에 반응하는 것이다. 그리고 중산층의 열망에 대한 마지막 부담으로, 미국 역사상 최장기간 경제적 호황을 촉발시켰던 재정 건전성을 포기하고, 대신에 우리에게 어마어마한 외채를 덮어씌우기이다.

평범한 미국인들에게는 더 이상 나아갈 길이 없고, 우리의 아이들에게 보다 나은 삶을 남겨 줄 수 있다고 믿지 않게 된다면, 이것은 더 이상 단순한 슬럼프나 일시적인 경제적 하락 문제는 아닌 것이다. 이것은 진주만 공격이나 소련의 스푸트니크 인공위성 발사 건, 9.11테러와 같이 우리의 가치 체계에 대한 심각한 충격인 것이다.

링컨이라면 어떻게 할 것인가?

미국 역사를 쭉 훑어보면, 뼈아픈 전환기를 거쳐서 새로운 경제 시대가 갑작스럽게 도래하게 되면서, 그 시대의 새로운

제3장 오지와 해리어트는 더 이상 여기서 살지 않는다

도전에 맞는 새로운 질서가 만들어진다. 1862년 7월로 거슬러 올라가 보면, 당시 아브라함 링컨은 태평양철도법에 서명을 해서, 동쪽 해안 끝에서 서쪽 해안 끝까지 닿도록 하는 길을 건설하도록 했다. 또한 모릴법안에 서명해서 미국인들이 더 앞으로 나아갈 능력을 형성하도록 랜드 그랜트 칼리지Land Grant College를11) 설립했다. 20세기 초 미국의 경제 호황으로 경제력이 유례없이 집중되었을 때, 테디 루즈벨트와 우드로 윌슨 같은 진보적인 사람들은 보통의 미국인들도 이러한 경제력의 혜

---

11) 1862년의 제1차 모릴법에 따라서 설립된 미국 고등교육기관. 버몬트 주의원 저스틴 스미스 모릴이 제안했다. 법 조항에 따라 각 주를 대표하는 의원들은 연방정부의 땅을 1만 2,000ha씩 교부받았다. 이 땅을 판 자금은 농업과 기계학을 가르치는 학교를 하나 이상씩 설립하는 데 이용되었다. 이 법이 특별히 다른 과학이나 고전학을 배척하지 않는다고 명시하고는 있으나 본래 의도는 급속한 산업화에 따라 국가가 필요로 하는 숙련공을 양성하는 데 있었다. 또한 과학적인 농경법의 개발도 촉진되어 농업생산성이 오르고 농업종사자들의 노동력 절감으로 다른 산업부문으로의 이동이 이루어졌다. 어떤 주에서는 무상불하토지 자금으로 학교를 신설했고, 어떤 주에서는 주립 혹은 사립학교에 재정지원을 하여 농업·기계학교(이것이 나중에 "A & M" 단과대학이 됨)를 세우는 데 도움을 주었다. 1890년 제2차 모릴법을 만들고 나서부터 의회는 랜드그랜트 칼리지에 정기적으로 정부지원을 하기 시작했다. 이 법령은 주정부 측이 유색인종 학생에게 "격리는 시키더라도 동등한separate but equal" 시설을 갖춘 대학에 입학을 허가하지 않으면 그 해당 주들에 대한 재정지원을 금했기 때문에, 결국 이러한 것은 흑인 학생들을 위한 대학 설립을 촉진시키는 결과를 낳았다 랜드그랜트 칼리지가 미국 고등교육에 끼친 영향은 막대하다. 최근 미국에서 학위를 받고자 하는 학생의 약 5분의 1이 이들 학교에 등록했다. 물리학·의학·농학 및 기타 다른 분야에서 선구적 연구 성과도 거두고 있다. 입학정책이 그 당시 대부분의 다른 대학보다 개방적이었으므로 여자, 노동계급 출신 학생, 멀리 떨어진 지역에서 온 학생들이 적은 비용으로 대학교육과 전문교육을 받을 수 있었다. (출처: "다음" 백과사전)-역자 주

택을 받도록 하는 새로운 제도를 만들고자 싸웠다. 주식시장이 폭락하고, 대공황으로 수백만의 미국인들이 절망에 빠졌을 때, 프랭클린 루즈벨트는 자본주의를 그 자체로부터 구하고, 국민들이 경제적 곤경에서 벗어나 마침내는 잘 살게 되도록 하는 새로운 규칙을 제정했다. 수백만의 미군들이 2차 대전에서 집으로 향할 때, 수년간 일터에서 떠나 있었던 이들을 위해, 루즈벨트는 제대군인원호법GI Bill을 만들어서, 광범위한 중산층을 형성하고 전후 시기의 장기 호황을 이루는데 기여했다.

이제 우리가 새로운 경제적 시대에 직면한 도전은—그리고 지난 30여 년간 우리가 겪었던 변화는—모든 점에서 왜곡되어 있다. 미국의 기업과 노동자, 가정은 적응하려고 부단히 노력하지만, 미국의 정책 결정자들은 그렇지 않다. 오히려 그 반대로, 이러한 변화가 점점 더 힘들어지고 더 필요해짐에도, 정치 체계는 변하지 않으려고 한다.

우리는 더 이상 이러한 변화를 미룰 여유가 없다. 새로운 질서가 필요하다는 것을 우리가 인식하지 못한 것은 단지 비용이 많이 들 뿐만 아니라, 위험하기까지 한 것이다. 2차 대전이후, 전체주의 공산주의가 우리의 안전을 위협했을 때, 해리 트루먼을 비롯한 여러 사람들은 새로운 위협에 대처하기 위한 새로운 제도와 질서를 만들었다. 즉, 유엔과 북대서양조약기구, 봉쇄정책 및 마샬 플랜을 세운 것이다. 과거에 우리 지도자들은 해외로부터의 위협을 이용해서 미국을 단결시키고, 전 세계 동맹국들과 공통의 대의를 이루었다. 하지만 오늘날 탈중앙화

제3장 오지와 해리어트는 더 이상 여기서 살지 않는다

된 적과의 전쟁에서, 우방이 그 어느 때 보다도 중요한 이 시기에, 우리는 낡은 질서를 포기하고는 그 자리에 새로운 질서를 세우기를 거부했다.

우리는 보다 고요했던 시대의 그러한 안정성을 되가져 올 수는 없다. 하지만 우리는 진보에 대한 우리의 믿음을 회복할 만큼 충분히 안전하고 충분히 보상을 주는 그런 시대를 만들 수 있어야 한다. 미국은 항상 기회의 땅이었지 확실성의 땅은 아니었다. 이것을 살아 있도록 하려면, 미 국민들에게 이 둘 다가 고갈되었다는 것을 인식한 가운데 새로운 질서를 수립할 필요가 있다.

수십 년간, 보수주의자들의 자유 방임이론은 고위험—고수익 이라는 자본의 기본 룰이 되었다. 더 적은 보장과 정부의 보호를 적게 많으면서 개별적인 위험을 더 많이 감수하는 것 대신에, 미국인들은 더 많은 개별적 보상(과 낮은 세금)을 받기로 되어 있었다. 또한 세율을 낮추어서 재정적 위험을 떠안는 대신에, 정부는 보다 높은 세수라는 보상을 거둬들이기로 되었다. 이것이 바로 부시의 "소유자 사회Ownership Society"의 중심적인 약속이었다. 이 주장에 따르면, 만약 미국인들이 보다 위험한 은퇴조건(또는 의료 계획이나 공립학교 시스템)에 동의한다면, 미국인들은 고율의 보상을 받을 기회를 가지게 될 것이라는 것이다. 하지만 자본 중심적으로 고안된 이 이론은 인간에게는 그리 잘 작동되는 것 같아 보이지 않는다. 왜냐하면, 시장은 보상을 확산시키는 것보다 위험을 확산시키는데 대단히 탁월하기 때문이다. 평범한 미국인들은 이 두 가지가 최악의 조합으로 결합되어 있는 상황에 처해 있는 것을 알게 되었다. 즉, 더 적게 벌고, 더 많이 걱정해야 하는 그런 상황 말이다. 연금은 완전히 붕괴되고, 의료비는 치솟고, 임금 상승은 날아가고 하는 상황을 지켜보면서, 이 소유자 사회는 고위험, 저수익이라는 어리석은 배팅처럼 보인다.

다소라도 위험부담 없이 살 수 있는 길을 찾을 수 있지 않을까 하는 오랜 자유주의적 희망에는 별 미래가 없어 보인다. 우리는 여전히 평등한 기회로의 길을 추구할 수 있을 것이지만, 균등한 결과를 보장할 수는 없다.(그리고 그러길 원해서도 안 된다.)

더 일하고, 더 많이 보상받자

오랜 미국의 가치에 기반한 새로운 이론이 필요한 때라고 우리는 확신한다. "고위험, 고수익"과 "무위험, 단지 보상만"이라는 서로 경쟁적인 망상 대신에, 우리는 이전의 어려웠던 시기를 이 나라가 극복하는 데 도움이 되었던 두 가지 상식적인 원칙을 선호한다. "더 많은 책임을 지고, 덜 위험을 부담하기"와 "더 일하고, 더 많이 보상받는 것"이 바로 이 두 가지 원칙이다.

힘겨운 신세계에서 살아가면서, 우리 미국인들은 우리의 가

제3장 오지와 해리어트는 더 이상 여기서 살지 않는다

치와 경제적 이해를 맞바꾸는 것을 받아들여야 한다고 여겼었다. 하지만, 사실상 우리의 가치를 지키는 것이야말로 우리의 경제적 이해를 증진시키는 가장 좋은 길이다. 사람들이 의료나 은퇴나 가정, 국가를 위해서 보다 많은 책임을 질 것을 바란다면, 우리는 위험하지 않은 보다 안전하고 보상을 많이 주는 그런 길을 모색해야 한다. 우리의 경제력이 근면한 노동―즉, 직장에서나 그 이전에는 교실에서―에 달려 있다면, 우리 경제와 사회가 무엇을 가장 가치 있게 여기는지를 확실히 해야 할 것이다.

공화당은 일관되게 미국의 가치에 따라 투표할 것을 촉구했다. 바로 이것이 공화당이 강점으로 여기는 것이다. 민주당은 경제적 문제로 투표할 것을 주장했고, 이는 오랫동안 우리의 강점이었다.

하지만 부모들은 음식을 테이블 위에 놓을 것인지, 아이들에게 옳고 그름을 가르칠 것인지를 두고 밤새 뜬 눈으로 지새지는 않는다. 노년층도 역시 구매할 수 있는 처방약과 손자 손녀들을 위한 확고한 가치 사이에서 고르지는 않는다. 인생은 기회와 가치 사이의 거래는 아닌 것이다. 미국은 이 둘 다를 원한다. 그리고 다른 하나는 없이 하나만 가질 수도 없다는 것을 안다.

미국은 힐러리 클린튼 상원의원이 "기본적인 계약"이라고 부르는 것 위에 세워졌다. 탐 빌색 주지사는 이를 "미국의 계약"이라고 부른다. "여러분이 열심히 일한다면, 여러분은 더 앞으로 나아갈 수 있을 것이다." 이 계약으로 거대한 중산층이 만들어졌고, 우리는 세계에서 가장 큰 꿈을 지닌 채 가장 부유한 나라가 되었다.

개인의 책임을 주장하고, 근면한 노동에 대한 보상과 개인의 위험을 줄임으로써, 미국은 사람들이 변화를 두려워하지 않고, 변화하도록 힘을 부여할 수 있다. 우리가 오지와 해리어트의 세계에 대해 그리워하는 것은 고요한 거리가 아니다. 그것은 진보에 대한 고요하지만, 흔들림 없는 믿음인 것이다. 미국인들은 희생을 두려워하지 않는다. 더 열심히 일하고, 더 오래 연구하고, 더 많이 봉사하는 그런 희생을 두려워하지 않는다. 하지만 최근에 우리가 유일하게 희생하도록 요구받은 것은 우리가 감내하기 어려운 것이다. 바로 우리가 이 모든 것을 한다면, 미래는 과거보다 더 찬란할 것이라고 믿는 것을 포기하라는 것이다.

우리가 2부에서 밝히겠지만, "플랜"에서는 사회적 계약을 재조명해 볼 것이다. 왜냐하면 보다 나은 삶을 이루고자 하는 욕망은 바로 우리의 공통된 목표이기 때문이다. 미국에서 진보는 소수의 특권이 아니다. 그것은 모두가 공유할 신념인 것이다.

Ⅱ부

플 랜

제 4 장
무엇이 플랜인가?

정당노선을 떠나서 (공화당을 지지하는) 붉은 주에서부터 (민주당 지지의) 푸른 주에 이르기까지, 미국인들은 이 나라가 잘못된 방향으로 가고 있다는 점에 동의한다. 하나의 국가로서 미국이 패배해서는 안 될 두 전쟁에서 이기기 위해 우리는 충분히 노력하고 있지 않다는 것을 안다. 이 두 전쟁은, 우리의 생활수준을 잠식할 수 있는 경제적 경쟁자와의 전쟁이 그 하나이고, 또 다른 하나는 우리의 삶의 방식을 파괴할 테러리스트와의 전쟁이다.

이런 중요한 문제가 걸려있는 상황에서, 가장 중요한 질문은 우리의 정치 체계가 대답하지 않으려고 하는 것이다. 즉, 우리는 이것에 대해 무엇을 할 것인가?

워싱턴에 있는 우리들은 무엇을 할 것인지를 토론하는 것조차 별반 고려하지 않고 있다. 왜냐하면, 우리는 비난 받을 사람을 찾느라고 너무 바쁜 탓이다. 우리는 멀리까지 볼 필요가 없다.

우리는 우리가 반대하는 것에 징징대기만 한다면 결코 진보를 이룰 수 없을 것이다. 이제는 우리가 무엇을 찬성하고, 무엇을 대변하며, 그리고 무엇보다도 무엇을 계획하는 지를 말할 때가 되었다.

미국은 세 가지의 위대하고 긴급한 도전에 직면해 있다. 우리에게는 미국이 다시 앞으로 나아가게끔 하는 경제 성장을 위한 새로운 사회적 계약이 필요하다. 우리에게는 미국이 다시 안전한 곳이 되도록 하는 새로운 전략이 필요하다. 그리고 우리를 공통의 목표로 묶는 새로운 애국심과 책임감도 필요하다.

다음의 몇몇 장에서는, 이러한 도전에 어떻게 대비할 지에 대한 많은 아이디어를 내놓을 것이다. 우리는 모든 것에 대한 해답을 가지고 있지는 않다. (여러분이 우리에게 여러분의 해답을 말해 주기를 희망한다.) 하지만, 우리는 이것 한 가지는 안다. 우리가 명확하고 야심찬 비전을 가지고 있다면, 미국은 이 모든 도전을 딛고 일어설 것이다.

역사의 다른 전환기에, 우리의 지도자들은 많은 논쟁 끝에 국가 관리에 필요한 새로운 규범과 제도를 만들어냈다. 그들의 아이디어는 새로운 시대가 가능하도록 했다. 지난 세기 초, 씨어도어 루즈벨트는 트러스트를 깨뜨리고는, 시장에서 소시민들이 몰락하지 않도록 하는 새로운 제도를 만들었다. 20세기 말, 빌 클린튼은 예산 적자를 없애고, 사회복지와 같은 엉망이 된 프로그램을 개혁했다. 자본주의와 정부가 똑같이 실패를

제4장 무엇이 플랜인가?

겪고 있던 대공황기에, 프랭클린 루즈벨트는 이 둘을 구하기 위해 앞으로 나아갔다.

20세기 초, 미국은 일련의 새롭고, 어려운 도전에 직면했었다. 유례없을 정도로 부가 집중되었고, 농업 경제에서 산업 경제로 전환하며, 이와 함께 농촌에서 도시로의 급속한 이주와 이민자가 엄청나게 유입되었다. 또한 미국이 군사적 강대국으로 등장하면서, 세계에서 우리의 역할과 우리가 어떻게 힘을 사용할 것인지를 규정할 필요가 생겼다. 새로운 세기를 시작하면서, 우리는 비슷하지만 똑같이 벅찬 목록들에 직면해 있다. 부와 기회의 집중화가 더 가속화되고, 산업 경제에서 정보화 경제로 전환하며, 이와 함께 도시에서 교외로, 준교외 지역으로 급속히 이주하고 있고, 또다시 이민이 쇄도하고 있다. 미국이 유일한 군사적 초강대국으로 등장하면서, 다시 한번 세계에서 우리의 역할을 규정할 필요성과 우리의 힘을 좋은 목적을 위해 어떻게 사용할 것인지 정비할 필요가 있다.

1910년 캔사스 주 오사와토미에서 남북전쟁 재향군인에 행한 연설에서, 씨어도어 루즈벨트는 "이것이 없다면, 우리는 새로운 문제를 다루기를 희망할 수 없는 새로운 민족주의"를 요청하면서 그의 시대에 직면한 도전에 응답했다. 루즈벨트는 연설에서 다음과 같이 말했다.

모든 단계에서, 그리고 어떠한 상황에서도, 투쟁의 본질은 균등한 기회를 보장하고, 특권을 없애며, 각 개인들의 삶과 시민권에 가능한 최고의 가치를 부여하는 것이다. … 우리가 전체 국민에게 중요한 것을 위해 일을 할 때, 우리는 광범위하고 원대한 민족주의의 정신 속에서 일하고 있는 것이다. 우리 모두는 미국인이다. 우리의 공통된 이해는 이 대륙만큼이나 넓다.

한 세기 후, 우리를 공통의 사명으로 다시 결속시킬 새로운 애국주의 하에, 우리는 우리 시대의 도전을 맞는데 있어서도 창의적이고, 실용적이며, 과감해야 한다. 우리는 국민과 국가 간의 새로운 계약을 제안한다. 즉, 21세기를 위해 미국인들을 준비시키고 보다 높은 국가적 목표 속에서 우리를 단결시킬 사회적 계약을 말함이다. 이 계약 조건은 새롭겠지만, 기저에 놓여 있는 원칙은 그리 새로울 게 없다. 여러분은 여러분의 몫을 하고, 정부와 기업, 국가는 각자 자기 몫을 다 하는 것이다.

개인은 자기 삶의 대부분을 스스로 지탱할 책임이 있고, 정부는 이들의 기회와 안전과 이를 이룰 수단을 보장할 책임이 있다고 우리는 믿는다.

모두를 위한 이러한 기회와 안전—그 어느 누구를 위한 특권이 아닌—이 미국의 특수한 사명인 것이라고 우리는 믿는다.

미국적 삶의 약속에서는, 책임이 없다면 안전도 담보되지 못하고, 기회가 없다면 책임도 없으며, 새로운 신뢰가 형성되지 못하면 기회도 없을 것이라고 믿는다. 국민과 국가간의 새로운 계약으로, 미국인들에게는 우리가 기억하는 것보다 더 많은 기회와 안전이 부여되어야 한다. 그 대가로 너무나 오랫동안

제4장 무엇이 플랜인가?

우리가 잊고 있었던 것보다 더 많은 책임을 지어야 할 것이다.

미국은 많은 일을 아직 끝내지 않고 있고, 우리가 보고자 하는 모든 개혁을—일부가 이 책에 열거되어 있는데—열거하고자 하면 매우 긴 리스트가 될 것이다. 하지만 이 나라를 다시 도약하게 하려면, 다섯 손가락으로 꼽을 수 있는 굵직굵직한 아젠다가 필요하다.

1. 새로운 사회적 계약 : 여기에는 누구나 시민으로 국가에 복무해야 하고, 또한 누구나 대학교육을 받을 수 있도록 하며, 모두에게 적용되는 은퇴 예금 및 모든 어린이가 의료 혜택을 받을 수 있도록 하는 것 등이 포함되어 있다. 이는 여러분이 국가를 위해 무엇을 할 수 있고, 국가가 여러분을 위해 무엇을 할 수 있는지를 명확하게 할 것이다.

2. 재정 신뢰도를 회복하고, 우리가 알던 기업복지[12]를 종식시키는 것.

3. 부유하지 않은 사람들이 잘 살 수 있게 돕는 세금 개혁

4. 미국의 힘을 남김없이 사용해서 테러와의 전쟁에 이기게 하는 새로운 전략

5. 다음 10년간 미국의 석유 소비량을 반으로 줄이도록 하는 하이브리드 경제

---

[12] 이는 정부가 기업에게 부당하게 세제 등의 특혜를 부여하는 것을 말한다. 원래 저소득층의 국가의존성을 비판하는 데 사용하는 복지라는 단어를 기업과 연결시킴으로써 사실은 기업이 더 특권적이라는 것을 드러내는 개념이다.-역자 주

각각의 아이디어는 미국이 당면한 가장 절박한 국가적 도전을 해결하고자 하는 진지한 노력을 대변한다. 또한 이들 각각은 현상유지와 깨끗이 결별을 하면서도, 지금 당장이라고 통과되어서 실행에 옮겨질 수 있는 실용적인 아이디어이기도 하다.

무엇보다도, 이 모든 아이디어들은 세계가 변했고, 우리도 또한 변해야만 한다는 것을 인식하고 있다. 미국이 의존했던 경제적 질서는 몇 세대동안 그대로 머물렀다. 미국의 사회적 계약은 1930년대에 맞춰져 만들어진 것이다. 우리의 사회 안전망은 1960년대에 맞춰서 만들어진 것이다. 21세기를 위한 우리의 준비는 20세기 말에 멈춰져 있다.

다음 장에서는 이러한 생각들을 좀 더 깊이 다룰 것이다. 하지만 우리처럼 변화를 애타게 기다리는 사람들을 위해 여기에 플랜을 간략하게 소개하겠다.

플 랜

새로운 사회적 계약, 혹은 여러분이 국가를 위해서 무엇을 할 것인지, 그리고 국가가 여러분을 위해서 무엇을 할 것인지에 대하여

21세기 경제는 새로운 기술을 요구하고, 우리 모두가 새로운 책임을 맡아서 살아갈 것을 요구할 것이다. 다음의 네 가지 상호 의무는 국가와 국민간의 새로운 계약의 첫 번째 조건을 나타낸다고 본다.

제4장 무엇이 플랜인가?

전국민 봉사단 Universal Civilian Service

여러분이 이 페이지에서 읽은 것을 전부 깡그리 잊어버린다 하더라도, 이것 하나만 기억하십시오. 플랜은 바로 여러분과 함께 시작하는 것이라는 것을. 여러분의 지도자가 여러분이 자기 몫을 하도록 요구하지 않는다면, 그들도 자기 몫을 하지 않고 있는 겁니다. 우리는 처음으로 전 국민의 봉사 윤리를 확립함으로써, 우리 모두에게 있는 애국심을 발휘할 진짜 애국법이 필요합니다. 18세에서 25세 사이의 모든 미국인은 3개월간의 기본적인 민간 방어 훈련과 커뮤니티 서비스를 거치는 것으로 국가에 봉사할 것입니다. 이것은 징병제도 아니고, 군사적인 것도 아닙니다. 젊은이들은 군인으로 훈련 받는 것이 아니라, 단지 천재지변이나, 전염병, 테러 공격과 같은 사태에 자기의 책임을 이해하는 시민으로 훈련 받는 것입니다. 이 전국민 봉사단은 각계각층의 미국인을 함께 결속시켜, 공통된 국가적 목표 하에서 보다 안전하고, 단결된 미국으로 만들 것입니다.

전국민 대학교육

우리는 학사학위를 고등학교 졸업장처럼 보편적으로 만들어야 합니다. 그 어느 때 보다도, 미국의 성공은 우리가 배운 것에 기반합니다. 우리에게는 지난 세기에 만들어진 교육 시스템이 있습니다. 학년은 그 이전 세기에 물려받은 것이구요. 새로운 시대에, 대학은 우리 사회의 경제에 가장 큰 기회의 동력이 될 것입니다. 아브라함 링컨이 미국의 공립대학에 토지를 불하한 것처럼, 우리는 기꺼이 일하고, 복무하면서도 탁월성을 발휘하는 사람들에게는 대학교육을 무료로 받을 수 있도록 주정부에 수업 보조금을 배분할 것입니다.

전국민 은퇴저축

지금부터 모든 직장에는 401(k)가 수반되어야 합니다. 고령화 사회에서는 저축을 줄이고, 위험을 늘리는 것을 감당할 수 없을 것입니다. 우리에게는 21세기 고용주와 고용인의 필요와 책임에 기반하여, 새로운 부를 창출할 수단이 필요합니다. 고용주들은 401(k)를 지급하는 것이 요구되고, 근로자들은 달리 선택하지 않는 한, 401(k)에 등재될 것입니다. 근로자들이 직장을 옮긴다면, 이 계정도 따라 옮겨질 것입니다. 또한 임금이 상승한다면, 저축도 늘어날 것입니다. 단지 절반 정도의 근로자들이 은퇴저축계획을 가지고 있는 작업장 대신에, 모든 미국인들이 은퇴저축계획을 가지게 될 것입니다.

모든 어린이들을 위한 의료보험 혜택

우리는 의료보험 비용을 줄여서, 모든 사업자가 의료보험을 지불할 수 있고, 마침내 미국 내 모든 어린이들이 의료혜택을 받을 수 있도록 해야 합니다. 전자 의료기록을 채택하고, 과정보다는 성과로 보상하며, 개인의 책임에 대해 적절히 인센티브를 부여하며, 만성적인 질병을 치료하기 위해 국가 치료센터를 개시함으로써 수억 달러를 절약할 수 있을 것입니다. 우리가 이렇게 절약함에 따라서, 우리는 이 돈으로 소규모 사업자들이 의회 의원들과 같은 의료보험 혜택을

제4장 무엇이 플랜인가?

받을 수 있도록 사용해야 합니다. 그리고 미국 내 모든 부모들이 자녀의 의료보험을 받을 수 있도록 하는 책임과 수단을 가지도록 보장하는 것입니다.

재정 책임감을 회복하고, 우리가 알던 기업복지를 종식시키기

미국 국민과 지도자 간의 깨어진 계약을 고치지 않는다면, 우리는 결코 새로운 사회적 계약을 세울 수 없을 것입니다. 우리가 허리띠를 졸라맨다면, 전국민 봉사단과 전국민 대학교육, 연금, 어린이의료보험 같은 것은 이룰 수 있을 것입니다. 시작해야 할 지점은 바로 기업복지와 여기에 기름을 붓는 정치꾼이 주도하는 정부를 종식시키는 것입니다.

가난한 사람들이 잘 살도록 하는 세금개혁

미국인이 부자가 되려고 처음부터 부자일 필요는 없도록 해야 합니다. 그리고 세법이 근로자층과 중산층에게 불리하게 작용해서는 안 됩니다. 우리는 세금 개혁을 해서, 중산층에 부과하는 세금의 한도를 억제하고, 모든 미국인이 아메리칸 드림의 축을 세울 수 있도록 도와야 할 것입니다. 이는 곧 가정을 이루고, 집을 사며, 대학 학비를 내며, 은퇴를 대비해 저축을 하도록 해야 할 것입니다.

테러와의 전쟁에서 이기기 위한 새로운 전략

미국의 힘으로 할 수 있는 모든 수단을 써서 우리 나라가 안전하게 되도록 해야 할 필요가 있습니다. 미국은 전 세계가 악과 전체주의의 확산을 저지하는 싸움을 이끌어야 하지만, 우리 힘으로만 전투에서 이기고자 하는 것은 그만두어야 합니다. 우리는 21세기 다자주의 제도를 개혁하고 강화해야 하지, 거기서 멀어져서는 안 됩니다. 미 특수부대와 해군을 추가하고, 육군을 십만 이상으로 확대함으로써, 우리는 전 세계에 군사적 "그린 라인"을 강화할 필요가 있습니다. 우리는 모든 군인들에게 새로운 제대군인원호법을 제공해야 합니다. 마지막으로, 우리는 영국의 MI5와 같은 새로운 국내 대테러 진압군을 창설함으로써, 국내와 우리의 시민적 자유를 보호해야 합니다.

미국의 가솔린 사용을 반으로 줄이는 하이브리드 경제

미국은 하이브리드 경제를 선도할 필요가 있습니다. 이는 자동차 산업과 동시에 지구를 구할 에너지 효율성과 혁신의 새로운 시대인 것입니다. 우리는 새로운 에너지 기술을 개발하도록 전면적인 캠페인을 벌일 필요가 있습니다. 이는 또한 21세기 일자리 창출 동력이 될 것이며, 기후 변화의 위협에 대한 미국의 대응이기도 합니다. 에너지 연구에 박차를 가하고, 대체연료와 결합하여 갤런당 백 마일을 갈 수 있는 잠재력이 있는 기존의 기술—즉 플러그 인 하이브리드를 수용함으로써, 우리는 다음 10년 간 가솔린 사용을 절반으로 줄일 수 있습니다. 매년 수십조를 부패한 정권에 지원하는 대신, (이들의 방관과 부패로 테러리즘이 계속 살아남을 수 있었던 것이다.) 우리는 이들 위험한 지역—미국에 큰 해를 입히고자 하는 사람들을 많이 은닉하는 곳—에 대한 의존성을 끝낼 것입니다.

제 5 장
전국민 봉사단

　아마도 많이 먹고 운동은 조금만 해야지 살이 빠진다고 하는 다이어트 책만큼이나, 약속은 많이 하면서 국민에게 요구는 적게 하는 정치 강령을 아무도 진지하게 고려해서는 안 된다. 국민을 위해서 국가가 무엇을 하는 것에 의해서가 아니라, 국가가 국민들에게 무엇을 요구하는지에 의해서 국가가 규정된다라고 하는 측면에서 존 케네디는 옳았다.
　최근의 진부한 정치 논쟁에서, 워싱턴에 있는 일부 인사들은 수혜 프로그램과 감세안 중에서 자극적인 선택을 하도록 했다. 정당들은 어느 쪽이 더 문제가 많은 지를 두고 나눠졌지만, 어느 것도 정확하게 위대함으로 가는 지름길이라 할 수 없다.
　양 당의 많은 이들은 유권자들이 이 공약 저 공약 찾고 있다라는 잘못된 전제에서 출발한다. 따라서 이들은 여러분이 좋아하는 이에 영합할 수 없다면, 여러분과 함께 하고 있는 이에 영합하라는 식으로 행동하고 있다.

앞에 놓인 길은 가파르다. 다음 50년 간 우리 앞에 놓인 도전은 과거 50년 간 우리가 극복한 것보다도 더 험난할 것이다. 악의 무리들의 힘이 그 어느 때보다도 탈중앙화된 세계에서, 우리는 유일한 초강대국이자, 가장 큰 목표물이 되었다. 미증유의 경제적 진보를 이룬 한 세기를 보낸 후, 미국은 이제 중국과 인도에 있는 경쟁자와 대적하게 되었다. 이들은 우리가 조금이라도 마음을 놓는다면, 우리를 능가할 잠재력을 가지고 있다. 몇 년간, 우리는 민주주의와 자유, 자본주의의의 복음을 전파하면서, 우리식으로 세계를 재건했었다. 이렇게 하는 것이 우리의 국가적 이해에 조응해 왔고 계속 그러할 것이다. 하지만, 우리는 잊어서는 안 된다. 세계가 우리의 힘을 모방하면 모방할수록, 우리는 우리의 힘을 연마하기 위해 더 열심히 노력해야만 한다는 것을.

반세기 전, 소련으로부터의 커다란 위협이 부상함에 따라, 미국은 자기만족에서 깨어났다. 러시아는 최초로 인공위성을 궤도에 올리고는 전 세계의 마음을 얻기 위한 전장에서 우리를 매장하겠다고 협박했다. 그 당시에는 몰랐지만, 소련은 우리에게 큰 호의를 베풀었다. 바로 우리가 기술적, 군사적으로 우위를 유지하고, 우리의 민주주의에 박차를 가하는 것을 진지하게 생각하게 했다.

이번에는 경쟁이 우리가 생각하는 것처럼 그리 쉽지는 않을 것이다. 하지만 의심의 여지없이 이것은 우리 시대의 스푸트니크 순간인 것이다. 우리가 경제적 도전에 맞서지 않는다면, 우리의 독립이 위험에 처할 것이고, 생활수준은 하향할 것이다. 우리가 안보 도전에 맞서지 않는다면, 우리의 생활 방식은 결코 예전 같지 않을 것이다. 그리고 국가로서 우리의 시야를 높일 이 역사적 기회를 지나친다면, 우리는 두고두고 후회할 것이다.

모든 위대한 대통령들은 이 나라를 고양시키고자 하였다. 진주만 공격을 받고 나서, 프랭클린 루즈벨트는 약하고 고립주의의 국가를 지구상에서 가장 위대한 경제적, 군사적 강대국으로 변모시켰고, 역사상 중산층이 가장 폭발적으로 증가했다. 또한 60년 후인 오늘날 우리가 자랑스럽게 여기는 희생과 책임의 정신을 불어넣었다. 스푸트니크로 미국인들은 소련이 우주와 냉전을 지배하지 않을까 걱정했고, 이로부터 3년 후, 존 에프 케네디는 미국인의 신념을 다시 회복했다. 바로 달에 인류가 발을 내딛는 걸 약속하는 것보다, 미국인들이 국가를 위해 무엇을 할 수 있는지를 묻도록 요청함으로써 우리의 신념을 회복했던 것이다.

이러한 대통령과 가장 최근의 대통령을 대조해 보면, 너무나 현저하게 차이가 나고 낙담하게 된다. 9.11이후, 부시 때문에 미국 경제의 엔진은 서서히 나빠지고, 경제력의 집중이 늘어나며, 부채는 치솟았다. 이 때문에 향후 60년간 우리의 아이들이 희생하지 않을 수 없게 될 것이다. 역사를 만들 기회를 넘겨받고도, 부시는 우리를 파산으로 몰아넣었다.

이제 위대한 나라는 조지 부시가 결코 추구하지 않았던 위대함을 우리 안에서 찾아야 한다. 9.11로 세계는 변했다. 미국도 이와 함께 변해야 한다. 각계각층의 미국인들에게 국가를 위해 무엇인가를 하도록 요청해야 할 때이다.

전국민 봉사단의 필요성

 모든 시민은 미국 계약의 본질을 이해하고 받아들여야 한다. 즉, 우리 모두는 각자 자기 역할을 다 해야 한다는 것이다. 헌법에 시민의 권리는 자명하게 나와 있지만, 명시되지 않은 시민으로서의 책임 또한 하나하나 중대한 것이다. 자유에 대한 우리의 급진적 실험에도 불구하고, 우리는 권리와 마찬가지로 책임도 소중히 여겨야 한다. 그리고 사람들이 스스로 할 수 있는 일을 우리가 해 줄 것이라고 가정해서는 안 된다.
 9.11이후, 워싱턴에서 양 당은 애국법이라고 불리는 법을 둘러싸고 엄청나게 논쟁을 벌였다. 이 법에 따라 연방정부는 테러리즘을 막을 새로운 힘을 부여받았다. 우리는 법 집행당국에게 테러리즘을 막을 수단을 주고자 하였다. 국내 테러리스트가 1995년 오클라호마 시의 연방청사 빌딩을 날려 버린 후, 우리 필자들은 바로 그 일 (공화당이 주도하는 의회가 대체로 거부했던 것인데)을 하도록 하는 법을 입안하는 일을 도왔다. 우리는 어디에서건 테러리스트를 감시하는 데는 아무 이의가 없다. 사실 우리가 다음에 설명하겠지만, 미국은 우리의 자유도 보호

제5장 전국민 봉사단

하는 방식으로 국내 대테러 능력을 강화해야 한다.

애국법과 관련된 문제는 더 단순하다. 이것은 사실 애국주의와는 아무 관련이 없다. 우리는 정부가 좀 더 공세적으로 테러리스트로부터 우리를 보호했으면 한다. 그러면서 또한 정부가 시민인 우리에게 요구하는데 보다 진지하기를 바라는 것이다. 테러와의 전쟁에서 미국인의 역할은 단순히 길가에서 성조기를 흔드는데 있는 것이 아니다.

우리 모두에게 있는 애국심을 끌어낼 진짜 애국법이 필요할 때이다. 우리는 모든 미국의 젊은이들 대상으로 전국민 봉사단을 제안한다. 이 계획 하에서, 18세에서 25세 사이의 모든 미국인은 3개월간의 기본적인 훈련과 민간 방어 훈련, 커뮤니티 서비스를 거치는 것으로 국가에 봉사하게 될 것이다.

이것은 징병제가 아니다. 다시 한번 반복하지만, 이것은 징병제가 아니다. 또한 군사적인 것도 아니다. 우리는 젊은이들이 군인이 되라고 요청하는 것이 아니라, 시민이 되라고 요청하는 것이다. 바로 여기 국내에서 국가의 필요에 부응할 준비가 되어 있는 그런 시민이 될 것을 요청하는 것이다.

전국민 봉사단의 개념은 우리 당내 어디에서도 인기 있는 것은 아니다. 공화당 일부에서는 자유는 공짜로 얻어지는 것이 아니라는 자기들 말도 잊은 채, 개인의 자유를 들먹이면서 격렬히 항의할 것이다. 하지만, 전국민 봉사단은 올바른 일이고, 우리 나라는 이로 인해서 더 강해질 것이다.

전국민 봉사단을 어떻게 운영하는지 한번 보자. 국가는 18세

더 플랜

에서 25세 사이의 젊은이들을 3개월간 민간인 봉사로 편입시킬 것이다. 젊은 사람들은 자기가 살고 있는 주나 커뮤니티에 기본적인 민간 방어 훈련을 받겠다고 신고해야 할 것이다. 거기서 젊은 사람들은 생화학 공격이나 핵공격, 재래식 공격을 받았을 경우, 어떻게 해야 하는지, 소개 시 어떻게 다른 사람들을 도울 것인지, 제방이 무너졌을 때나 자연 재해를 맞게 되었을 때 어떻게 대응해야 하는지 등을 배우게 될 것이다. 이들 젊은이들은 자신들의 커뮤니티가 가장 절박하게 필요한 것들을 다루는데 유용할 것이다.

커뮤니티와 국가에 좀더 오래 헌신하고자 하는 사람들을 위해서, 아메리코AmeriCorps[13)]에 더 많이 지원할 수 있도록 확충할 것이다. 장기 복무에 대한 대가로 아메리코는 대학보조금을 지원할 것이다.

1990년대에, 빌 클린튼과 고故 엘리 시걸Eli Segal이 아메리코AmeriCorps를 발족했고, 이것은 40만 명 이상의 젊은이들에게 국가에 봉사할 기회를 주었다. 9.11이후, 부시 대통령조차도 잠시 아메리코를 늘릴 것을 제안했지만, 하원의 보수주의자들이 이를 축소시키도록 내버려 두었다. 한 가지 드러난 점은, 행정부

---

13) 아메리코는 매년 70,000명 이상의 미국인을 교육, 공공안전, 의료, 환경과 같은 분야에 봉사하도록 연결하는 전국적 봉사 프로그램의 네트워크로서 연방, 주, 지방 정부 및 NGO, 개인들의 네트워크로 구성된다. 1994년 이래로 400,000명 이상의 아메리코 회원들은 2,000개 이상의 비영리 단체나 공공기관, 커뮤니티 조직 등에서 봉사를 하였다.-역자 주

제5장 전국민 봉사단

가 아메리코 장학금을 수여하는 것을 그만 뒀는데, 이유는 여타의 온정적 보수주의 프로그램처럼, 이 프로그램도 재정이 고갈되었기 때문이었다.

모든 미국의 젊은이들이 복무하도록 함으로써, 전국민 봉사단은 세 가지 주요한 점에서 미국을 강화시킬 것이다.

첫째로, 이로 인해 진정한 그리고 오래 지속되는 안보 이익을 가지고 올 것이다. 솔직해져야 한다. 테러와의 전쟁은 언제든지 곧 끝날 그런 것이 아니다. 냉전은 거의 반세기 동안 지속되었고, 이 "장기전"이라고 부르는 것은 몇 세기나 지속 될 수 있다. 만일 그렇다면, 시민들은 좀 더 강인하고 더 똑똑해져야 할 것이다. 공포에 대한 최선의 항생제는 유비무환이 바로 해답이다. 2차 대전 때, 도시와 마을에서는 등화관제로 불을 다 끄고 커튼을 쳤다. 우리는 냉전 시기 매주 공습 사이렌을 들으면서 자랐다. 하지만 오늘날 대부분의 미국인들은 핵 공격이나 생화학 공격을 받으면 어떻게 해야 하는지 전혀 모르고 있다. 국토안보부에서도 아무런 말을 해준 적이 없다. 젊은이들을 민간 방어를 하도록 훈련시키면—그리고 이들을 편입시켜서 다른 사람들을 훈련하고 가르치도록 하는 것—당장 실제적인 이득을 보게 될 것이다. 미국은 좀 더 안전하게 느낄 것이고, 실제로도 안전하게 될 것이다.

두 번째로, 전국민 봉사단은 바로 자원병을 절약하고, 징병제를 피하기 위해 필요한 것이다. 2000년 캠페인에서, 조지 부시와 딕 체니는 군대에 "지원을 곧 할 것이다"라고 약속했다. 그리고 나서 부시 형정부는 서서히 육군과 국토 방위대 및 예비군을 줄이고 이들을 혹사시켰다. 젊은 군인들에게 충분한 군장도 갖추지 않은 채 전투에 내보내고, 휴식도 없이 해외 근무 기간을 늘려서, 국내에서는 군 입대자를 모집하는 데 많은 애를 먹었다. 전국민 봉사단은 군에 복무하라고 강요하지는 않지만, 군에 자원하려고 하는 젊은층의 자원을 늘어나게 할 것이다. 오늘날 많은 젊은이들이 군에 입대하려고는 생각하지도 않는다. 그리고 심지어 주변에 이를 고려하는 이조차 알고 있지 못할 것이다. 전국민 봉사단을 통해서, 수백만의 젊은이들은 군에 복무했거나, 복무하려고 하는 사람들을 만나게 될 것이고, 국가에 대한 의무를 더 이상 다른 사람의 일로 여기지는 않을 것이다.

세 번째로, 가장 중요한 점인데, 전국민 봉사단으로 젊은이들은 일찍이 인종과 계급, 신념, 종교의 차이를 넘어서 볼 기회를 갖게 될 것이고, 스스로 무엇보다도 먼저 미국인으로 여기게 될 것이다. 우리는 지구상에서 가장 다양한 국가이다. 이 세기에 세계를 주도하기 위해서는, 우리의 차이가 짐이 되는 것이 아니라, 큰 힘이 되도록 해야 할 것이다. 미군은 국가적 목표의 기치 하에 차이들을 해소하는 특별한 예이다. 전국민 봉사단도 마찬가지로 기능 할 것이다. 다양한 배경을 지닌 사람들이 한데 모여, 나란히 봉사하고 그러면서 공통의 목표를 지닌 공통의 지반을 발견할 것이다.

제5장 전국민 봉사단

우리가 서로에게 진 의무

국가에 대한 봉사는 아마도 스마트탄을 가지고 전쟁에서 싸우고, 테러 공격을 막기 위해 전자센서를 사용하는 새천년의 도전에 대한 해답으로는 구식으로 들릴지도 모른다. 우리가 심지어 전국민 의료보험이나 광대역, 전국민 연금도 없는 마당에 왜 미국이 전국민 봉사단에 투자해야 하는가?

이러한 책임도 져야 하지만, 시민으로서의 공통된 책임부터 시작해야 한다. 미국이 세계에서 향유하는 모든 경쟁우위에도 불구하고 아직 이용되지 않은 장점이라면, 우리가 세계 어느 나라 국민들보다도 우리 자신에게서 더 많은 것을 기대해 왔다는 점일 것이다. 2차 대전 후, 해리 트루만은 소련에게 우리의 기개를 보여주고자 전국민 군사훈련을 제안했다. 오늘날 아무도 우리 군대의 용맹무쌍함에 의문을 제기하지는 않지만, 전국민 봉사단은 적과 우방 모두에게 우리가 얼마나 단결되었는지를 보여줄 것이다.

국경이 점점 줄어드는 다양한 세계에서, 국가를 단결시키는 것은 더 힘들기도 하지만 또한 더 중요한 일이다. 우리 공통의 정체성이 지닌 힘과 우리의 배경이 지닌 다양성을 자랑스러이 여기는 미국으로서는, 새로운 시대는 기회와 도전을 동시에 제기한다. 2005년 7월 국내에서 자생적으로 성장한 테러리스트가 저지른 런던 폭탄테러 사태는 우리와 다른 모든 나라가 직면한 도전에 그림자를 드리운다. 어떻게 사람들이 각자가 지닌 차이를 무시하고, 먼저 시민으로 보게 할 수 있을 것인가가 문제인 것이다. 미국은 시민의 의무감을 고취하는데 더 많은 일을 해야 할 것이다. 우리는 이를 잘해 왔고, 반드시 잘 해야 한다.

국가에 대한 봉사는 렉싱턴과 콩코드에서 죽은 민병에서부터, 세계무역센터의 계단을 뛰어 올라갔던 소방대원에 이르기까지 위대하면서도 계속되는 미국의 성공 스토리인 것이다. 현대 정치에 대한 그 모든 냉소주의에도, 봉사에 대한 미국의 이상주의는 사그라지지 않았다.

우리의 제안이 국가에 봉사할 유일한 길은 아니다. 〈워싱턴 먼스리〉지에 기고한 글에서, 폴 글래스트리스Paul Glastris와 찰리 모스코스Charlie Moskos는 대학 (입학) 조건으로 1년간의 복무를 하도록 주장했다. 이스라엘이나 스위스, 스칸디나비아 국가들 같은 경우에는 몇 년간 복무 의무가 있다. 프랑스는 10년 전에 그 아이디어를 포기했는데, 이제는 젊은이들이 길거리에서 폭동을 일으키는 것을 지켜보아야만 한다.

존 케네디가 평화봉사단에 들어가도록 젊은이들을 독려했을 때, 그는 모든 세대의 이상주의를 일깨웠다. 전국민 복무제는 다음 세대의 평화봉사단이 될 힘을 지녔다. 사실, 그 이상으로 큰 것이다.

수백만 명이 2차 대전 때 징집되었을 때, 이는 평등을 이루는데 크게 기여한 것으로 드러났다. 전후 미국은 역사상 중산층

제5장 전국민 봉사단

이 가장 확대되었고, 몇 년 후 미국은 민권을 향한 행진을 서서히 시작했던 것이다. 오늘날, 우리에게는 공통의 연대를 벼려낼 기회가 다시 필요하다. 우리 삶의 많은 측면은—이웃과 학교, 대중문화, 정치적 관계—단순히 과거의 공통된 경험이 아니다. 하지만 전국민 복무제를 통해서 모든 젊은이들은 가장 중요한 공통된 경험—즉, 미국인이 된다라는—을 갖게 될 것이다.

우리가 플랜을 책임에 대한 부분에서 시작하는 것은 이유가 있다. 그것이 국가가 시작되는 곳이기 때문이다. 우리의 미래는 이러한 계약을 갱신하는데 달려 있다. 미국에서는, 기회와 책임은 함께 가는 것이다.

제 6 장
전국민 대학교육

1970년대 말 우리가 대학을 입학했을 때, 세계에서 미국의 경제적 위상이라는 것은 결코 우리 머리에 떠오르지도 않았다. 설사 그랬다 하더라도, 디킨스를 공부하고 발레를 하는 것이 OPEC국가의 유가와 무슨 관련이 있는지 조차 알아차리지 못했을 것이다. 몇 년 후, 우리의 아이들이 대학을 가게 될 때쯤이면, 우리는 세계에서 미국의 위치에 대해 고민하게 될 것이다. 25년 전까지만 하더라도 명확하지 않았던 것을 이제 미국은 알게 되었다. 모든 젊은이를 대학으로 보내는 것보다 미국의 경제를 장기간에 걸쳐 강화시키는 것은 없을 것이다.

지난 세기, 대학은 아메리칸 드림을 이루는 중심축이었고, 중산층으로 들어가는 문이었다. 2차 대전에서 고향으로 돌아온 수백만의 군인들은 제대군인원호법으로 대학에 들어가게 되었고, 이들이 미국을 중산층의 나라로 만들었다. 부모들은

제6장 전국민 대학교육

항상 대학 학위의 마술을 잘 안다. 바로 대학 학위가 보다 나은 삶을 보장하는 티켓이기 때문에, 부모들은 자식들을 대학에 보내려고 허리띠를 조이고 희생하는 것이다.

오늘날, 정보화 시대는 지식에 기반한다는 것을 우리 모두 잘 안다. 세계 나머지 국가들이 계속 진보함에도, 미국의 기대치는 충분히 변하지 않았다. 지난 시대에 고등학교 교육을 보편적으로 만든 것처럼, 우리는 이번 시대에는 대학교육을—21세기의 주요한 수단이다—보편적으로 만들어야 한다.

교육은 20세기 경제적, 사회적 발전에서 가장 중요한 두 가지를 가져왔다. 첫째로, 고등교육이 보편적이 되었다. 1세기 전만 하더라도, 약 5퍼센트의 미국인만 고등학교를 졸업했다. 오늘날 25세 이상 성인의 85퍼센트가 고등학교를 졸업했다. 두 번째로, 제대군인원호법으로 2백만 이상의 재향군인들이 대학에 들어갔고, 이는 역사상 가장 큰 중산층의 팽창을 촉진시켰다. 피터 샤피로Peter Shapiro가 『미국 국민 병역사A History of National Service in America』에서 썼듯이, 미국은 제대군인원호법이 미국 경제의 미래에 굉장히 중요하다고 인식해서, 1949년까지 GNP의 거의 1퍼센트를 이를 지원하는데 썼다.

대학교육이 산업 경제에서 매력적인 이상이라면, 정보화 시대에서는 사실상 필수적이 되었다. 지구적인 정보화 경제에서, 대학은 개인과 국가가 앞으로 나아가는데 중심적이 되었다.

우리가 어렸을 때 밀튼-브래들리Milton Bradley의 "인생 게임"이라는 보드게임에서조차 대학을 선택했던 사람들에게 더 많은 임금을 주었다. 경제력 격차는 교육 격차와 함께 시작한다. 오늘날 대학 졸업자와 고등학교 졸업자간의 격차는 그 어느 때보다도 더 크다. 대학 졸업자는 평균적으로 일년에 51,000달러를 번다면, 고등학교만 졸업한 사람은 일년에 28,000달러를 번다. 현재 대학교육을 마치려고 하는 고교생들은 고등학교를 졸업한지 50년이 되면 백만 달러를 더 벌게 될 것이다.

2006년 연방준비은행의 연구에 따르면, 고등학교 중퇴자의 평균적인 순 가치는 20,000달러에 지나지 않는다. 대학을 졸업한 가구의 평균은 226,000달러이다. 우리가 교육 격차를 줄이지 않는다면, 부와 기회를 늘리고자 하는 우리의 다른 노력들도 힘들어질 것이다.

미국인이 대학을 선택한다면, 결과적으로 이득을 보는 것은 이들 만이 아니다. 대학과 대학이 생산하는 정신과 혁신은 지구적 경제의 시대에 국가의 성공에 결정적일 것이다. 최근 몇 년 동안, 미국의 대학들은 생의학 연구에서 나노 기술, 웹 검색 엔진에 이르기까지 완전히 새로운 산업을 낳는데 기여했다. 우리의 대학들이 혁신가와 엔지니어, 그리고 미국을 계속 앞서 나가게 할 사상가를 배출하는데 우리의 미래는 달려 있다.

대학은 모든 종류의 꿈이 가능하게 하지만, 대부분의 미국인들에게 그것은 여전히 부인되거나 지체된 꿈에 불과하다. 미국이 세계에서 가장 훌륭한 대학 시스템을 가지고 있는 것에 단지 만족한다 하더라도, 세계의 여타 국가들은 우리보다도 대학의 가치를 더 잘 이해하고 있는 것 같다. 미국도 한때는 세계에

제6장 전국민 대학교육

서 대학 등록률이 제일 높았다. 지금은 (세계에서) 아홉 번째이다. 게다가 우리는 지난 20년간 대학 졸업생 비율이 늘지 않은 유일한 산업 국가이다. 인도는 매년 미국보다 두 배의 대학 졸업생을 배출하고 있고, 중국은 우리보다 세 배를 배출한다. 게다가 이들 국가의 대학은 세계적인 수준이다.

대학은 우리 개개인의 경제적 성공과 우리의 집합적 경제적 생존에도 사활적으로 중요하다. 그리고 무엇보다도 더 나은 미래에 대한 우리의 믿음에는 결정적인 것이다. 사회 계약은 이러한 대학교육이 없다면 아무 것도 아닌 것이다. 하지만 이러한 대학의 기적을 확산시키려고 하지 않고, 워싱턴에서는 비싼 대학 학비로 대부분의 미국인들이 이의 수혜를 받지 못하게 하고 있다. 컬리지 보드College Board에 따르면, 4년제 공립대학의 학비는 지난 5년간 50퍼센트나 올랐다. 하지만 부시 행정부는 역사상 가장 많이 대학 보조금을 삭감하고, 펠 그랜트Pell Grant[14]를 대폭 인상하겠다는 약속을 지키지 못했다. 4년제 공립대학의 학비는 이제 연간 5,500달러나 든다. 사립대학에서는 평균적으로 21,000달러 이상이 든다.

이런 수준이라면, 한때 중산층으로 가는 문이었던 것이 바로 중산층의 면전에서 쾅 닫혀 버린 것이다. 고등교육기회연구소 the Institute for the Study of Opportunities in Higher Education의 토마스 몰튼

---

[14] 저소득층 학생들에게 연방정부가 무상으로 지원하는 학비보조 프로그램. 지원액수는 신청자의 소득 규모에 따라 달라진다.-역자 주

슨Thomas G. Mortenson에 따르면, 소득이 90,000달러 이상인 가정의 학생들은 24세까지 대학 학위를 받을 기회가 50퍼센트나 된다. 소득이 35,000달러 이하인 가정의 학생이 학위를 받을 가능성은 17분의 일에 지나지 않는다. 2004년 센추리재단Century Foundation이 미국 내 가장 선호되는 146개 대학에 대한 연구에서 보여주는 바에 따르면, 명문학교에서의 격차는 더 심하다는 것을 알 수 있다. 리차드 칼렌버그Richard D. Kahlenberg가 썼듯이, "미국에서 가장 선호되는 캠퍼스를 돌아다니다 보면, 가난한 학생보다 부유한 학생을 마주칠 가능성이 25배나 더 높다." 비슷한 능력을 가졌지만, 소득차가 나는 학생들에 대한 다른 연구를 인용하면서, 칼렌버그가 쓰기를, "멍청하지만 돈 많은 아이들이 대학 들어가기나 가난하지만 똑똑한 아이들이 대학 들어가는 것이나 기회는 비슷하다." 만약에 이 나라가 누구나 대학에 들어갈 기회를 부인할 만큼 멍청하다면, 앞으로 계속 부자로 있기는 힘들 것이다.

대학 격차 줄이기

젊은 사람들이 대학을 가지 않는 혹은 마치지 못하는 주된 이유는 학비 때문이다. 일단 첫 시도로서 우리는 먼저 관료적 형식주의를 없애야 한다. 세법은 의도는 좋았지만, 혼동스럽고 종종 모순적인 교육 조항—규칙이나 정의, 제한이 각각 다른

제6장 전국민 대학교육

조항—으로 엉망이 되었다. 다섯 개의 기존의 주요 교육세 인센티브—호프장학금the Hope Scholarship, 평생교육크레딧the Lifetime Learning Credit, 고등교육비 공제, 고용주가 지급하는 교육 혜택 제외조항 및 수업료 할인 제외 조항—를 대학 4년과 대학원 2년 간 단일하게 연간 3,000달러의 상환 가능한 크레딧으로 대체함으로써 우리는 세법을 단순화해야 한다. 젊은 사람들이 대학에 가기를 원한다면, 이들이 먼저 세금 컨설팅 회사를 들르게 해서는 안 된다.

두 번째로, 우리는 대학이 비싼 학비 때문에 지구적 경제 경쟁에서 우리를 도태되게 해서는 안 된다. 뉴아메리카재단 New America Foundation의 마이클 대넌버그Michael Dannenberg가 제안한 것처럼, 우리는 학비법truth-in tuition law을 통과시켜서, 대학들이 다년간 학비 수준을 정해서 신입생들이 학위를 마치려면 어느 정도 비용이 드는지를 미리 알 수 있게 해야 한다.

가장 중요하게는, 은행에 보조금을 지급하는 대신에 학생들에게 직접 학비를 빌려줌으로써 우리는 수억 달러를 절약할 수 있고, 이 돈으로 각 주에 학비 보조금을 지급할 수 있을 것이다. 19세기 토지불하처럼, (각 주에 연방정부의 토지를 주어서, 공립대학을 지원하도록 함) 이러한 학비 보조금으로 각 주는 일하면서 공부하거나 뛰어난 학생, 혹은 중요한 직업 분야에 헌신하고자 하는 학생들에게 학비를 면제하거나 낮출 수 있을 것이다. 고등교육정책연구소Institute for Higher Education Policy에 따르면, 각 주들은 지원이 필요하다. 1980년 공립대학 기금의 절반이 주정부와 지방정부에게서 나왔지만, 2000년에는 기금의 3분의 1만을 주정부와 지방정부가 줄 수밖에 없었다. 학생과 학부모들은 치솟는 학비 속에서 스스로 돈을 충당해야만 했다.

정부는 4년간의 고등학교 교육처럼 2년에서 4년간의 대학 교육을 보편적으로 만들 책임이 있다. 우리의 목표는 모든 사람이 대학에 가도록 하는 것이고, 모든 사람들이 그렇게 할 수 있도록 하는 것이다. 1990년대 아메리코는 국가에 대한 봉사와 대학 지원을 연계했다. 몇 년 후에는 우리의 경제력의 승부처라는 측면에서, 대학에 가는 것 자체가 국가에 봉사하는 형태가 될 것이다.

중퇴자 문제

보다 많은 젊은이들을 대학에 보내고, 이들이 학비를 지불하도록 돕고자 한다면, 우리는 그 결과로 대학들이 보다 많은 졸업자를 양산해 내도록 책임 지워야 한다. 연방학자금프로그램에서부터 주립대학의 예산에 이르기까지, 납세자들은 대학시스템에 실질적인 투자를 하고 있는 것이고, 이들은 돌아오는 결과가 좋은지를 알 필요가 있는 것이다. 미국 교육에서 성취 격차를 줄이는데 포커스를 둔 탁월한 씽크탱크인 에듀케이션 트러스트Education Trust가 추정한 바에 따르면, 50만 명 이상의

제6장 전국민 대학교육

학생들이 매년 4년제 대학을 중퇴한다. 2004년 에듀케이션 트러스트의 보고서의 케빈 캐리Kevin Carey에 따르면, 대학 중퇴자는 새로운 문제는 아니지만, 글로벌 경제에서 그 결과는 더 심각하다는 것이다. 과거 수십 년간, "대학에서 성공하지 못한 것은 개인적인 좌절로 여겨졌지, 국가적 딜레마로 여겨진 것은 아니다"라고 캐리는 썼다. 이제 이것은 우리 문제라고 그는 썼다.

대학 졸업률이 낮은 것이야말로 우리 경제상태가 더 이상 이를 허용할 수 없는 현상이고, 우리 사회는 이를 더 이상 감내해서는 안 된다. 국가적으로, 우리는 열망에 가득 찬 대학생들을 헛되이 소진해 왔다. 매년 수십 만 명의 젊은이들이 갚아야 할 학생 융자만 잔뜩 짊어진 채, 대학 학위로 받게 될 임금에서의 이득도 없이, 고등교육 체계를 다 마치지 못하고 떠난다. 이러한 학생들은 반비례적으로 소득이 낮고, 유색인종이다. 많은 사람들에게 있어서, 대학에 가는 것은 진정한 경제적 이동과 성공을 가지고 올 최초이자 최고의 그리고 마지막 기회인 것이다.

대학들은 신입생이 매년 들어옴으로써 돈을 긁어모으게 되니까 좋았겠지만, 우리들은 졸업생들이 행진하는 것을 더 보고 싶다. 대학을 시작하는 사람들이 대학 생활을 충실히 해서 학교를 마치도록 돕는 데에는 대학의 역할이 크다. 에듀케이션 트러스트에 따르면, 각 대학들이 중퇴자 문제를 다루는데 얼마

만한 노력을 기울이는가에 따라서, 비슷한 규모의 대학간에 졸업률은 상당한 차이가 난다는 것이다. 예를 들면, 루이지애나공대의 경우, 졸업률이 단 5년 안에 35퍼센트에서 55퍼센트로 늘어날 수 있었다.

우리는 각 대학들이 졸업률과 학생 성취도에 대한 좀 더 완벽한 데이터를 공개하도록 각 대학에 요구해야 한다. 졸업률이 만성적으로 낮다면, 각 대학들은 졸업률을 올리기 위한 구체적인 계획을 세워 실행해야 한다. 각 주들은 영국의 성적 책임 시스템을 눈여겨보아야 한다. 이 시스템에 따라서, 학생들이 실제로 졸업할 때까지, 대학의 공공기금 부분을 보류하는 것이다.

평생교육 및 미국의 공립학교 개선

물론 교육이 젊은 사람들만 위해 있는 것은 아니다. 우리는 이미 일터에 있는 사람들에게 21세기의 도구를 줄 필요가 있다. 대학교육을 위한 새 3,000달러 세금 크레딧은 공인된 기관에서 자신의 기술을 향상시키고자 하는 모든 연령대의 근로자에게 지급되어져야 할 것이다. 우리는 기업들이 관리자만이 아니라, 모든 근로자들을 훈련시키도록 해야 할 것이다. 근로자들이 글로벌 경쟁으로 재배치되어서야, 비로소 다시 훈련 받도록 기다리지 말고, 우리는 평생교육을 시켜서, 모든 미국인들에게

제6장 전국민 대학교육

경제적 보험 정책을 주도록 해야 할 것이다.

마지막으로, 우리가 보다 많이 그리고 더 나은 대학 졸업생을 원한다면, 초등학교와 중·고등학교에서의 공교육 체계를 강화하고 개선해야 한다. 다시 한번, 부시 행정부는 공교육도 엉망으로 남겨 놓았다. 아동낙오방지법No Child Left Behind Act으로, 부시 대통령이 가장 줄이고자 했던 교육 격차는 성취도 차이가 아니라, 교육에 대한 공화당의 여론조사 수치에서의 차이를 줄이는 것이었다.

10년 전만 하더라도, 공화당은 교육부를 없애려고 했다. 대신 부시 행정부는 다른 길을 밟았다. 교육부를 잘못 운영하는 식으로 말이다. 부시는 아동낙오방지 정책이 성공을 거두는데 필요한 개혁에 돈을 거의 쓰지 않았다. 교사 수도 늘리고, 교사의 자질도 높여야 하며, 단순히 시험을 많이 보게 하는 것이 아니라, 시험의 수준도 높이며, 실력이 떨어지는 학교를 개선하고자 하는 주정부의 노력 등 말이다. 부시 행정부에서 교육부는 이미지 컨설턴트를 고용해서는, 보수적인 논평가인 암스트롱 윌리암스Armstrong Williams에게 24만 달러의 비자금을 주고 이 법의 입맛에 맞게 사설을 쓰도록 했다. 워싱턴의 관료들은 교육을 개선하기 보다는, 교육 성적과 개혁을 후퇴시키면서, 각 주와 학교, 교사들로부터의 현명한 제안을 무시했다.

부시가 잊어먹은 개혁운동과 함께, 기준을 다시 부활해야 할 때이다. 교사자격증만 있다고 되는 게 아니라, 수행 능력에 따라 보상을 주고, 수요가 많은 지역과 과목을 가르치는 데에는 급여를 더 올림으로써, 최고의 교사들을 끌어 모아야 한다. 또한 유아 과정과 방과 후 학교를 확충하고, 공립학교 시스템 내에서 더 많은 선택지를 주도록 해야 한다. 이 각각의 개혁안에 대해서는 일정한 반대도 있을 수 있겠지만, 교장과 교사, 학부모로부터는 강력한 지지를 받고 있다.

또한 우리 교육 시스템에서 가장 약한 고리인 고등학교를 바꿔야 한다. 지구상에서 최고의 대학들이 포진한 나라에서, 일부 최악의 고등학교가 있다는 것을 그냥 넘겨버릴 수는 없다. 우리 학교 시스템의 가장 슬픈 측면은, 미국 학생들이 학교에서 오랜 시간 있으면 있을수록, 외국의 학생들에게 점점 더 뒤쳐진다는 것이다. 4학년 학생들은 읽기와 수학에서 거의 최고이지만, 8학년이 되면 떨어지기 시작해서, 고등학교를 마칠 때쯤이면 전반적으로 더 뒤떨어진다.

전 버지니아 주지사인 마크 워너Mark Warner가 2005년 전국고등학교 교육회담에서 말했듯이, "우리는 학부모와 기업지도자, 대학 교수들에게 왜 이 아이들이 공부를 잘 못하는지 언제까지나 변명만 늘어놓고 있을 수 없습니다." 보다 엄격한 성적 처리와 엄격한 학사관리를 하는 대가로, 유연함과 자원을 더 확충하는 것이 모든 레벨에서의 교육 개혁을 이루는 올바른 공식인 것이다. 하지만 이러한 공식은 거의 고등학교에서는 시도되지 않았다. 고등학교에서야 말로 가장 적합할 것이고, 시행만 된다면 효과가 가장 클 것인데도 말이다. 우리는 고등학교가 좀 더 작고, 공부를 많이 시키는 곳으로 만들어야 한다. 중·고등

제6장 전국민 대학교육

학교 수학 및 과학 교사들은 모두 자신들이 가르치는 분야에서 학위를 가지고 있어야 한다. 교사들이 가르치는 과목이 의미가 있다면, 학생들은 더 잘할 수 있고, 더 오랜 시간 학교에 머물 것이기 때문에, 우리는 대학이 요구하는 수준의 엄격한 커리큘럼을 제시해야 한다. 고교 최고학년 학생들이 커뮤니티 칼리지나 온라인상에서 수업을 듣도록 독려함으로써, 우리는 최고학년생이 대학 1학년처럼 느껴지도록 할 수 있을 것이다.

또한 미국 학생들이 고교 최고학년이 되면, 우리들의 주요 경쟁국 학생들보다 학교에서 2년은 적게 보내게 된다. 우리의 현행 학년제는 정보화 시대나 심지어 산업화 시대에 맞게 고안된 것은 아니다. 이는 과거 농업사회의 잔재이다. 우리는 젊은 학생들의 학습 시간 량을 늘릴 필요가 있다. 수업 시간을 늘리고, 학년제를 확대하고, 여름학기에 수업을 듣도록 하는 것으로써, 시간을 더 늘릴 수 있을 것이다. 3개월이나 되는 여름방학은 학습 시계를 그 두 배나 뒤로 되돌린다. 우리는 시카고에서 하는 것처럼, 학업이 뒤쳐진 학생들에게 여름 학기를 듣도록 요구하고, 학생들이 자기들끼리 메신저를 통해 인스턴트 메시지를 보내는 데 쓰는 시간만큼, 여름 방학동안 온라인상에서 읽기와 수학 같은 기본적인 능력을 배양하도록 해야 한다고 주장한다.

하트-루드맨위원회Hart-Rudman Commission에서 결론내린 것처럼, "우리의 교육 및 연구시스템의 부적절성으로 말미암아, 이는 향후 25년간 잠재적인 재래식 전쟁보다도 미국의 안보에 더 큰 위협이 될 것이다."

지금부터, 미국의 어린이들은 부모와 교사, 이웃, 대통령으로부터 교육이 단지 미국이 줄 수 있는 가장 큰 기회일 뿐만 아니라, 애국적인 의무임을 깨달으면서 자라야 할 것이다. 소련이 1950년대에 스푸트니크를 우주로 쏘아 올렸을 때, 아이젠하워 대통령은 미국이 교육을 제일 우선시 하도록 독려했다. 오늘날 우리의 경장자로부터 받는 교육적 위협은 그때 당시보다도 더 큰 것이다. 미국의 젊은이들은 더 이상 계속 기다리기만 해선 안 될 것이다.

제 7 장
전국민 은퇴연금제도

미국은 위대한 열망의 땅이다. 우리는 더 나은 인생을 꿈꾼다. 심지어 거품이 잔뜩 낀 연예계에서도 그렇다. 최근에 가장 인기 있는 몇몇 텔레비전 쇼를 보자. "누가 백만장자가 되고 싶은가?Who Wants to be a Millionaire?"라는 최종 승리자가 백만 달러를 갖는 퀴즈 쇼는 어떤가? "누가 백만장자와 결혼하는가?Who Wants to marry a Multi-Millionaire?"라는 모방 쇼는 또 어떤가? 이 쇼에서 승리자에게는 새 남편을 차 버리고, 인터넷에서 누드로 나서면, 백만 달러를 주겠다는 제안이 즉각 들어왔다. "서바이벌Survivor" 프로그램에서는, 어느 해 최종적으로 살아남은 멤버가 상금으로 받는 백만 달러에 대한 세금을 납부하지 않아서 감옥에 가게 되었다. 올해의 모델인 "아메리칸 인벤터American Inventor"에서는 수 천 명의 사람들이 대상─잘 알겠지만, 백만 달러─을 거머쥘 꿈을 안고 별난 물건을 만들어낸다. 우리 문화에 눈치가 빠른 사람이라면 곧 알아차리겠지만, 미국인들이 삶에서 여전히 빠진 게 있다고 여기는 게 한 가지 있다면, 그것은 바로 백만 달러이다.

불행하게도, 대부분의 미국인들의 일상생활은 동화 같은 엔딩이 없는 리얼리티 쇼이다. 그들의 환상은 인플레이션과 같이 올라가지만, 그들의 자산은 그렇지 못하다.

미국인들이 몇 가지 진전을 이루긴 했다. 반세기 전만 해도, 단지 55퍼센트의 미국인만 자기 집을 갖고 있었다. 오늘날, 1990년대에 현저히 늘어난 이후, 가구 중 69퍼센트가 자가 소유이다. 401(k)의 인기, 투자의 탈신비화와 1990년대의 주식시장 붐으로 미국인들은 또한 투자가로 나서게 되었다. 1989년에는 미국 가구 중 3분의 1도 안되는 수치가 주식을 소유했었다. 오늘날에는 약 반 정도가 주식을 소유하고 있다.

하지만, 여러 가지 측면에서, 미국인들이 지난 몇 십 년간을 돌아보면서, 삶의 토대를 잃고 있거나, 근근이 버티고 있다는 느낌이 더 들고 있는 것 또한 사실이다. 지난 25년간, 새 집의 평균가격은 거의 4배나 올랐다. 전국적인 주택 가격 상승으로 중산층은 준교외 지역으로 탈출하지 않을 수 없었다. 같은 기간, 의회 예산국에 따르면, 최상위 1퍼센트 가구의 세후 평균 수입은 두 배 이상이나 늘었다. 중간 5순위에 있는 인구는 수입이 매년 1퍼센트도 안되게 올랐다.

비록 많은 미국인들이 과거보다는 더 많이 소유—더 큰 집과 주식도 더 많이 갖고 있지만—하고 있지만, 종자돈에 대한 수요

제7장 전국민 은퇴연금제도

는 종자돈 그 자체보다 더 빨리 늘어났다. 평균수명은 지난 세기에 30년이나 늘었고, 100세까지 사는 미국인의 수는 다음 25년간 6배나 늘어날 것으로 예상된다. 하지만 은퇴보험을 갖고 있는 미국인의 퍼센티지는 빠르게 줄어들고 있다. 한 세대 전보다 대학 등록금을 저축하는 경향이 더 늘어나긴 했지만, 대학 등록금은 그 보다도 훨씬 더 빨리 올라가고 있다.

여러 해 동안, 미국인들은 집을 소유하는 것과 관련된 번잡스러운 상황에 대해 배웠다. 지붕이 새거나, 파이프가 깨져도, 세탁기의 모터가 타버려도, 결국에는 자기가 처리해야 하는 문제인 것이다. 이번 십년 동안, 우리가 배운 것은 주식 소유도 그렇다는 것이다. 엔론이나 월드컴과 같은 잘 나가던 주식이 하룻밤 사이에 사라졌다. 시장은 지구를 반이나 가로질러 일어난 사건에 의해 곤두박질한다. 세계는 어지러울 정도로 투자의 선택지를 넓혀 놓았고, 우리들 대부분에게는 우리가 잘못 선택할 가능성이 기하급수적으로 늘어나는 것처럼 보인다. 투자는 돈이 그리 필요치 않는 사람들에게는 혜택이다. 하지만 여윳돈이 별로 없는 사람들에게는, 시장은 매우 험한 길이다.

대부분의 경우 글로벌 시장은 또 다른 잔인한 역설에 비난받기도 한다. 소유권이 점점 더 위태위태한 제안이 되는 동시에, 절대적으로 본질적인 것이 되었다. "돈이 돈을 번다"는 옛말은 오늘날 더 진실이다. CBO에 따르면, 최상위 1퍼센트에 속하는 가구가 15년 전보다 미국의 기업의 부를 소유하는 게 거의 2배나 늘었다. 부시 행정부의 세금 정책과 결합해서, 현대 경제의 압력—글로벌 경쟁과 생산성 향상과 같은—으로 노동의 수익률은 급격히 줄고 자본의 수익률은 반대로 증가했다. 전형적인 근로자들에게, 기술적 진보는 불행하게도 더 적은 시간과 줄어든 월급봉투를 의미한다. 소유자 측면에서는, 똑같은 진보는 더 많은 이윤을 의미하는 것이다. 이런 경제에서 여러분이 소유자가 아니라 근로자라면, 여러분은 아마도 계속 뒤쳐지고 있고 결코 따라잡지 못할 것이다.

이러한 추세를 느리게 하거나 완화하는 길은 있을지 모르지만, 이를 역전시키는 걸 기대하는 것은 무모한 짓일 것이다. 가장 협소한 의미에서, 조지 부시는 옳았다. 우리는 소유자 사회가 될 것이다. 어떤 측면에서, 미국은 항상 소유자 사회였다. 왕과 귀족의 나라에서 떨어져 나와서, 미국의 설립자들은 사유재산을 확고히 신봉한 사람들이다. 1862년 홈스테드법Homestead Act[15]은 개척자들에게 5년간 거주하기로 동의하면 160에이커의 땅을 주었다. 우리가 항상 투기에 대해서는 건강하게 의심해 왔지만, 미국은 오랫동안 보다 나은 미래를 향해 시간과 노력, 돈을 투자하는 것이 옳다고 믿어 왔다. 부시가 틀린 점은 미국이 지향해야 하는 소유자 사회의 종류인 것이다.

---

15) 1862년 링컨대통령 때 제정된 법으로, 이 법에 따르면 21세 이상의 시민 또는 시민이 되고자 하는 사람에게 160에이커의 국유지를 공짜로 불하하는 것이다. 단, 토지를 불하받은 사람은 5년간 집을 짓고 살면서 농토를 개간해야 한다는 것으로, 이 법으로 약 200만 명의 사람이 혜택을 입었다.-역자 주

제7장 전국민 은퇴연금제도

보다 많은 소유와 보다 안전한 미래

소유는 과거 두 세기 때보다도 이번 세기의 사회적 계약에서는 더 본질적인 부분이 되어야 한다. 우리가 지향하는 가장 기본적인 가치는—상향 이동성, 모두에게 열려 있는 기회, 평등한 국가에서의 행복 추구권—모든 시민이 미래에 이해관계가 있는지에 달려있다. 이 꿈을 이루기 위해서, 미국인들 모두가 자신들의 운명을 소유할 기회를 갖고, 소유로 인한 이득이 확실하게 획득되도록 보장할 필요가 있다.

공화당은 딱 그 반대—즉, 소수가 대다수를 소유하도록 하는 계획—로 제안했다. 그들은 세법을 개정해서, 부유한 사람이 일하는 사람보다 더, 자본이 노동보다 더 보상받도록 했다. 그리고는 사회보장과 의료보험, 저축 정책을 다 바꿔놓는 무분별한 계획을 내놓았다. 자산이 별로 없는 대부분의 미국인들에게, 부시의 소유자 사회는 현존하는 약속을 뒤집고는, 줄어들고 더 위험한 거래를 판매한 셈이 되었다.

빌 클린튼의 사회보장안의 제일 위에 놓인 전국민저축계정안 Universal Savings Accounts은 소유와 안전한 은퇴를 향한 진지한 발걸음을 나타낸다. 그의 계획 하에서, 미국은 세수 잉여금을 모아서 국가의 채무를 줄이고, 사회보장정책을 장기간의 건전한 기반 위에 놓을 것이다. 게다가 미국인 모두는 정부에 의해 상응하여 지원되는, 전국민 계정을 만들 수 있었다. 사회보장안을 지지하는 것은 국가의 저축을 늘리는 것이고, 전국민계정은 개인의 저축을 늘리는 것이 될 것이다. 그 결과는? 보다 많은 소유와 보다 안전한 미래가 동시에 이루어지는 것이다.

반대로 부시의 개인사회보장계정안private Social Security Accounts 은 더 큰 위험 대신에 제한적이고 환상에 지나지 않는 소유를 수반하는 것이다. 부시가 감세로 재정 흑자를 탕진했기 때문에, 장기적인 지불능력을 위해 그가 할 수 있는 유일한 긍정이라는 것은 혜택을 깎는 안이었다. 사적인 계정을 지불하기 위해, 부시는 이 나라를 더 깊이 빚더미에 올려놓아야 했고, 이는 장기적으로 국가의 재정을 강화하는 길은 아니었다. 이런 모든 문제투성이에서 미국인은 무슨 큰 부자가 되기를 기대할 수 있겠는가? 돈을 잃을지도 모르는 불확실한 계정으로, 설사 우연히 이익을 본다 하더라도, 그 이익금의 일부는 다시 사회보장을 갚아 나가는데 쓰여야 될 것이다. 개별 계정에서 남겨진 것은 무엇이든지 간에, 이것은 매달 수령자에게 줄 연금으로 전환되어야 할 것이다. 그리고 그 양은 수령자가 사회보장액이 삭감되었기 때문에 받지 못하는 것 이상이 되지 않을 공산이 크다.

결국 심지어 공화당 의원들도 부시의 얼빠진 사회보장안에서 그리 빨리 몸을 빼지는 못할 것이다. 그의 소유자 사회의 아젠다 중 다른 항목들도—건강 저축 계정부터 평생 저축 계정에 이르기까지—마찬가지로 치명적인 결함을 안고 있다. 건강 저축 계정은 아프지 않으면서, 의료보험을 필요로 하는 한에서만 괜찮은 조건이다. 게다가, 평생 저축 계정은 단지 이미 저축

제7장 전국민 은퇴연금제도

을 하고 있는 사람들의 저축을 더 독려할 뿐이다.

부시의 다른 많은 아젠다처럼, 소유자 사회는 실패할 만한 이유가 있다. 이것은 정치적 비전이지, 실용적인 것은 아니다. 부분적으로, 공화당은 뉴딜 정책을 묻어 버리고, 사회안전망이 없는 삶을 한번 시도해 볼 그런 기회를 보았던 것이다. 동시에, 칼 로브와 그의 동료들은 정당한 보상을 받는다면, 기꺼이 위험을 감수할 포부로 가득 찬 중산층 유권자들의 마음을 사고 싶었다. "대부분의 투자가들은 공화당에 투표하는 경향이 있다." 공화당 전국위원회 의장인 켄 멜만Ken Mehlman이 2005년 1월 〈워싱턴 포스트〉지에 한 말이다. "이러한 경향 때문에, 유권자들이 친성장주의적이고, 친소유자 사회, 친자유시장주의적인 정치인을 지지할 가능성이 더 높은 조건이 만들어진다." 공화당에게는 불행하게도 잘못된 정책은 잘못된 정치임이 드러났다. 부시의 정치적 투자에 대한 결과는 전부다 좋은 성적을 거두지 못했고, 일부 공화당원들이 파산지경인 것은 당연하다.

부시의 계획은 글로벌 경제의 불안정한 추세를 단지 더 악화시켰을 뿐이다. 대부분의 미국인들은 살아가는데 충분히 위험을 안고 있다. 이들에게는 더 이상 이런 위험이 필요치 않다. 사회보장 정책을 강화하는 첫 번째 단계는 사람들이 사회보장의 테두리 밖에서 안전한 종자돈을 마련하도록 돕는 것이다. 단지 반 정도의 미국인만이 은퇴저축을 갖고 있다면, 장기적으로 사회보장의 지불능력을 보장할 토대를 쌓는 것은 불가능하다. 사람들이 저축안에 대한 신뢰를 회복하게 되면,—그리고 워싱턴에서 빚이 쌓일 대로 쌓여서 이런 신뢰가 다시 흔들리지 않는다면,—우리는 사회보장안에 대한 초당파적인 진전을 이룰 수 있을 것이다.

이번 세기의 사회 계약에서는 지난 세기에는 있지 않았던 세 가지 점이 반드시 제기되어야 한다. 먼저, 우리는 더 이상 젊어지지 않는다. 노령화 사회에서는 이제부터 더 오래 사는 것에 대비해서 계획을 세워야 하고, 많은 다른 사회적 도전과는 달리, 나이가 든다는 것이 환영받을 일이고 전적으로 예측 가능한 문제라는 사실을 이용할 필요가 있다. 두 번째로, 우리는 이보다 더 열심히 일할 수 없다. 뉴딜은 노동 집약적인 경제—즉, 보다 많은 예측 가능한 임금을 추구하는 것으로 충분했던 경제였지, 거대한 부와 부가 더 광범위하게 퍼진 경제는 아닌 것이다—를 위해 만들어졌다. 오늘날의 세계에서 우리는 둘 다를 가져야 한다. 세 번째로, 우리는 제대로 작동하는 시장이 필요하다. 반 트러스트에서부터 증권거래위원회에 이르기까지, 두 명의 루즈벨트 대통령은 자본주의를 그 자체로부터 구할 개혁과 제도를 요구했다. 지독하게 경쟁적인 글로벌 경제에서, 우리는 자본주의가 그 어느 때 보다도 필요하다. 바로 그 때문에, 우리가 전 지구적 자본주의를 그 자체로부터 구해야 하는 이유이다.

사회보장 체제의 탁월성은, 프랭클린 루즈벨트가 1935년에

제7장 전국민 은퇴연금제도

입법 서명을 했을 때, 바로 위기의 한 가운데에서, 이 나라가 장기적 시야를 가지고 기꺼이 강화해 나가고자 하는 것에 있다. 그에 비해, 오늘날 우리의 도전은 비교적 훨씬 더 쉬울 것이다. 우리는 부유하고 성공한 장수 국가이며, 이 기간을 잘 활용하게 해야 한다. 미국의 노령화는 우리 사회에 심각한 변화를 야기할 것이고, 우리가 여기에 대비하기 위해 필요한 것은 그것이 다가오는 것을 예측하는 것이다.

지금, 우리는 바로 딱 그 반대로 하고 있다. 한쪽 구석에 숨겨진 나이든 초상화 대신에, 도리안 그레이(Dorian Gray)[16]처럼 거울을 보면서 있는 것이다. 지난 6년간 워싱턴은 마치 내일이 없는 것처럼, 돈을 써댔다. 부시의 감세정책을 영구적으로 만드는데 드는 비용은 다음 75년간 사회보장 정책의 부족분보다 3배는 더 클 것이다. 사실 CBO에 따르면, 최상위 1퍼센트에 속한 가구의 세금을 줄이는데 드는 비용만 해도, (GDP의 약 0.6퍼센트이다.) 전체 사회보장액의 결손분보다 크다. 노인의료보험제도는 단연코 가장 큰 재정적 시한폭탄이다. 그리고 부시의 처방약 계획은 노인의료보험제도의 거대한 자금 부족을 더 악화시켰다. 의회와 대통령은 정부보조금과 특혜, 기업의 세금 우대조치 및 다른 신규 지출을 단기적으로도 지속될 수 없고, 장기적으로는 재앙수준이 될 정도로 베풀었다. 사회보장안과 노인의료보험제도를 강화할 제일 좋은 방법은 워싱턴이 물려

---

16) 오스카 와일드의 작품 "도리안 그레이의 초상"에 나오는 주인공.
 -역자 주

받은 재산을 다른 데다 그만 쓰는 것이다.

다른 한편으로, 기업과 개인에게는 그러한 경솔함을 막을 방도가 없다. 개인과 기업은 바로 지금, 여기서 생존하는 것만 해도 힘들기 때문에, 미래를 위해 적절하게 계획을 세울 수가 없다. 얼마 전까지만 해도, 주식회사 미국에는 장기적인 재정적 안정, 즉 연금이라는 믿을만한 기둥이 있었다. 사회보장처럼, "확정급부형defined-benefit plan"(기업은 종종 연금 지급을 중단했을 뿐만 아니라, 이를 연금으로 부르는 것도 그만 두었다.) 기업연금제도는 처음에는 상대적으로 짧은 기간동안 상당히 많은 안전성을 주고자 고안되었다. 이제 은퇴자들의 수명이 길어지고, 은퇴자 의료혜택과 같은 다른 비용들이 치솟자, 기업들은 기존의 확정급부형 연금제도의 무게에 짓눌리고 있고, 새로운 연금을 줄 위험을 떠안을 기업은 거의 없는 상태이다.

보스턴대학의 은퇴연구센터에 따르면, 확정급부형연금을 받는 근로자의 비율이 지난 25년간에 걸쳐 반으로 줄었다. 1980년엔 28퍼센트의 근로자들이 확정급부형연금에 의지했고, 8퍼센트는 확정갹출defined-Contribution제도나 401(k)에, 다른 11퍼센트는 둘 다를 갖고 있었다. 가장 최근의 수치인 2003년 조사를 보면, 이 수치가 역전된 것을 알 수 있다. 5퍼센트가 확정급부형 연금에 의지하고 있고, 31퍼센트는 401(k)나 IRA Individual Retire Accounts, 14퍼센트는 둘 다를 갖고 있다.

베들레헴 스틸과 우나이티드항공사를 포함해서 여러 곤란을 겪고 있는 기업에서는 연금제도를 부도내버렸고, GM과 같

제7장 전국민 은퇴연금제도

은 몇몇 더 많은 기업들도 그렇게 할 가능성이 있다. 심지어 재정적으로도 건전하고, 잘 운영되던 번창하는 기업들도 연금에서 손을 떼고 있다. 작년에, IBM은 확정급부형 연금을 중지하고, 확정각출형으로 전환할 것이라고 선언했다.

연금은 깨기는 어렵지만, 잘 운영된 확정각출형은 수익이 많다. 사실 우리가 사회보장을 강력하고 확고한 확정급부형 연금으로 유지한다면, 직장에서 401(k)형의 연금을 완전히 이용할 수 있는 고용인이라면, 안전한 은퇴를 누릴 수 있을 것이다. 하지만 확정각출형 연금은 성격상 훨씬 더 예측 불가능하기 때문에, 우리는 401(k)혁명의 잠재력을 포착하고, 그것의 단점을 제한할 새로운 종류의 사회적 장치가 필요하다.

개인이 혼자서 잘 해낼 수만은 없다. 각 가구가 임금 상승 없이 4년을 보낸 결과, 작년에 미국은 마이너스 저축률을 기록했다. 단지 반 정도의 미국 근로자들이 고용주가 후원하는 퇴직금 적립 계획에 참여하고 있고, 80퍼센트의 소규모 사업 고용인들은 전혀 퇴직금 적립 계획이 없다. 은퇴보장프로젝트 Retirement Security Project에 따르면, 7,500만의 미국인들이 퇴직금 적립연금을 주지 않는 고용주에게 고용되어 있고, 고용보험을 들 수 있는 또 다른 1,700만 명은 퇴직금 적립 계획이 없다. 반 이상의 가구가 사회보장을 넘어선 퇴직금 저축을 갖고 있지 않다. 55세에서 59세 사이의 사람들의 401(k) 평균 잔고는 15,000달러에 불과하다.

오늘날의 직장 이동성으로 은퇴를 대비한 저축과 보험이 더 어려워졌다. 평균적으로 근로자들은 여러 번 직장을 옮기는 것으로 여겨지고, 이는 경제적으로 더 나아진다는 것을 약속하지만, 한편으론 6개 이상의 퇴직금 적립 기업 연금제도를 찾아다니면서 관리해야 하는 부담이 되기도 한다. 우리들 대부분에게는, 선택이 널려 있다는 것은—브로커와 뮤추얼펀드, 여러 재정 수단의 옵션들이 끝없이 공급되는 것처럼 보인다—두 가지 면에서 저주에 가깝다.

첫째, 자기 돈을 관리하는 사람들은 결과적으로 성공하기 어렵다. 대부분의 인덱스 펀드—우량주를 선택하려 하기보다는, 스탠더드 앤 푸어스 500과 같은 주요 인덱스를 모방하는 것이다—는 아마추어는 말할 것도 없고, 전문적인 자산 관리자를 능가한다. 두 번째로, 선택이 지나치게 많으면 많은 사람들은 어찌할 바를 모르거나, 지나치게 조심스러워진다. 대부분의 투자가들에게는, 단순한 것이 제일 좋은 선택인 것이다.

불행하게도, 현재의 뒤죽박죽이 된 은퇴연금제도들은 미국의 근로자와 기업들이 가장 필요로 하는 것—유연성과 확실성을 주지 못했다. 단지 반 정도의 직장만이 개인 퇴직연금을 들고 있고, 이러한 연금제도 중 가장 후한 것들이 빠르게 사라지고 있다면, 연금제도는 점점 더 로또 복권처럼 보이게 될 것이다. 우리는 장기적으로 미래에 대해 기대치도 너무 낮고, 저축도 거의 안하고, 대비도 너무 안한다.

제7장 전국민 은퇴연금제도

모든 직장에서 401(k)를

반드시 이런 방식이 불가피한 것은 아니다. 현재의 체계는 선택이나 비용의 결과라기보다는 관성의 결과로 보인다. 수백만의 근로자들이 단순히 퇴직자 저축 계획에 손을 댈 여유가 없었거나 어디에 투자할 지 결정할 수 없어서, 고용주들이 주는 퇴직자 연금제도에 서명을 하지 못했다. 하지만 401(k)를 주는 고용주들이 자동적으로 고용인들을 등록하면, (다른 선택도 가능하지만) 압도적인 비율의 근로자들이 시스템에 머무는 걸 선택하고, 매달 약간의 돈이 은퇴를 대비해서 비축되는 사실을 기꺼이 받아들인다. 이러한 확정급부형 연금은 고용주에게도 전혀 문제가 되지 않는다. 많은 고용주들은 근로자들의 임금 공제의 일부에 기꺼이 자신의 기여분을 붙이는 것을 선택한다. 여기에 자신의 몫을 붙지 못하는 고용주들이 갖는 유일한 부담이라면, 연금제도를 운영할 투자회사를 찾아서, 임금 기여분을 보내는 것이다.

해밀턴 프로젝트Hamilton Project[17]의 윌리엄 게일William Gale이나, 조나단 그루버Jonathan Gruber, 피터 올잭Peter Orszag이 제안한

---

[17] 미국 초대 재무장관을 역임한 알렉산더 해밀턴의 이름을 따서 미국 브루킹스연구소에서 발표된 중도주의 성향의 보고서이다. 이 보고서는 클린튼 행정부에서 재무장관을 지낸 로버트 루빈 현 시티그룹 회장, 로저 알트만 전 재무차관, 피터 오스젝 전 백악관 경제특보 등의 주도하에, 향후 미국 사회가 장기적 번영을 지속해 나가기 위해서 필요한 새로운 비전과 경제 전략을 제시하는 것을 목표로 작성되었다. – 역자 주

것처럼, 새로운 사회적 계약의 한 중심에는 21세기 고용주와 고용자의 필요와 책임에 따른 새로운 개인연금제도가 있어야 한다. 먼저, 우리는 모든 고용주들이 근로자들에게 연금이나 401(k)를 지급하도록 요구해야 한다. 그리고 근로자들이 적극적으로 다른 선택안들을 선택하지 않는 한, 모든 근로자들이 (연금에) 기여하도록 해야 한다. 근로자들의 삶을 보다 편하게 하기 위해서는 모든 고용인들은 자동적으로 고용주들이 든 401(k)에 등록될 것이다. 물론 언제라도 해약할 수 있는 선택지를 가진다. 고용인들이 직장을 옮긴다면, 자기들의 계정을 새로운 고용주에게로 옮길 수 있다. 고용주들은 각각의 근로자들을 자기들 연금제도나, 연방정부의 공무원대상 저축 플랜Thrift Savings Plan과 유사한 주정부에서 후원하는 은퇴연금제도에 가입시킬 수 있다.

자동적으로 가입하는 것은 효과가 있다. 시카고에 있는 한 주요한 인쇄회사인 도넬리사에서, 자동가입 기간에 참여율이 68퍼센트에서 92퍼센트로 뛰어 올랐다.

게일, 그루버, 올잭이 제안한 것처럼, "자동적인 401(k)"는 자동적으로 단계적 확대와 투자, 자동적인 재투자와 함께 수반되어야 한다. 다른 말로 하자면, 월급이 오르면 저축도 늘어나도록, 기업들은 자동적으로 "단계적으로 올라가는" 조치를 포함해야 한다. 이런 식으로, 근로자들의 종자돈은 그들의 저축 능력이 올라가는 것과 같은 속도로 늘어날 것이다. 저축은 수지가 맞고, 저비용의 펀드에 직접 투자되어져야 한다. 고용자들이 직장을

제7장 전국민 은퇴연금제도

바꾸면, 저축도 옮길 수 있어야 한다. 근로자들은 이 모든 옵션들을 바꿀 자유가 있지만, 그들은 처음으로 단지 그들의 직장에만 충실해도 그들의 삶은 나아질 수 있는 셈이다.

세제개혁도 도움이 될 것이다. 우리는 세법에 있는 복잡한 은퇴 계정 조항을 하나의 전국민 연금으로 공고히 할 필요가 있다.

우리의 백악관 전 동료이자, 『친성장주의적 진보주의The Pro-Growth Progressive』의 저자인 진 스펄링Gene Sperling이 쓴 것처럼, 현재의 저축 유인 구조는 보조금이 별 필요가 없는 사람들에게 가장 많은 보조금을 주는 식으로 거꾸로 되어있다.

2004년 연방소득세 환불금은 거의 2,300억 달러에 달했다. 1억 명 이상의 납세자들이 평균적으로 각각 2,000달러 이상을 환불 받았다. IRS Internal Revenue Service에서도 결국 인정한 것처럼, 우리는 납세자들에게 직접 예치라는 간단한 옵션을 주어야 한다. 그리고 환불된 돈의 일부는 은퇴저축으로 유도되어져야 할 것이다. 세금 전문가인 마크 어위Mark Iwry는 이를 "저축할 수 있는 순간"이라고 부른다. 어느 날, 미국은 소비자의 나라에서 하룻밤 사이에 문자 그대로, 저축의 나라로 변하는 것이다.

마지막으로, 우리는 현재 가장 저축할 여유가 없는 곤궁한 사람들을 위한 새로운 유인책을 마련해야 할 것이다. 일하는 미국인들을 위한 은퇴저축법The Retirement Savings for Working Americans Act으로, 저소득층을 위한 저축 장려안은 영구적이고, 환불 받을 수 있게 되었다. 이것으로 개인은 소득이 30,000달러까지, 부부인 경우에는 60,000달러까지 버는 경우, 일년에 2,000달러까지 은퇴저축에 대한 50퍼센트의 매칭 기금을 준다. H&R 블록과 은퇴보장프로젝트의 최근 연구에 따르면, 50퍼센트의 자금 지원을 받은 납세자들은 그렇지 않은 사람들보다 거의 6배나 더 저축할 가능성이 높고, 실제로 50퍼센트 더 저축했다.

우리의 현재 저축 시스템은 대체로 은퇴계획에서 가장 중요한 규칙을 빼놓았다. 즉, 일찍 시작하고 계속 유지하는 것이다. 복리가 갖는 기적 때문에, 한 사람이 저축하는 액수는 장기간 저축하는 것만큼 그리 중요하지는 않다. 많은 미국인들은 우리 나이가 되거나 더 나이가 들어서, 자기들이 여유가 있다고 생각할 때까지는 저축을 시작하지는 않는다. 이 제안들은 저축을 사실상 전 생애에 걸쳐서 만듦으로 이러한 문제를 해결한다. 장기간 조금씩 조금씩 저축하게 되면 그것도 큰 힘이 된다. 고용주가 저축에 맞추어 붙는다면, 25세에 연봉 30,000달러의 1퍼센트를 저축하기 시작해서 65세까지 계속한다면, 약 200,000달러의 자금을 가질 것으로 예상된다.

고용주와 납세자에게 있어서, 이 전반적인 연금 비용은 거의 아무 것도 아닌 것이지만, 사회 전체적으로 볼 때, 그 이점은 엄청나다. 반 정도의 근로자가 아무런 은퇴저축계획도 없는 작업장 대신에, 압도적으로 많은 다수의 근로자들이 은퇴연금제도를 갖게 되는 것이다. 그리고 은퇴연금제도가 없는 사람들도 스스로 선택을 할 수 있게 될 것이다. 401(k)가 변호사나, 의사, 회사 간부나 연방공무원을 위한 것이라고 생각하는 대신,

제7장 전국민 은퇴연금제도

모든 미국인들도 향후에는 401(k)가 (자신들을 위해) 있다는 것을 알게 될 것이다. 그리고 안전한 은퇴 준비를 하기 보다는, 매달 신용카드의 최저 결제 금액에 전전 긍긍하면서, 마이너스 저축률을 기록한 사회보다, 미국은 다시 한번 저축 윤리를 갖는 곳이 될 것이다. 우리의 미래를 부도내기 보다는, 우리의 미래를 준비하는 것이 우리의 기본 선택이 될 것이다.

부유한 사회를 만드는 다른 방법

개인들의 저축률을 높이는 것은 미국의 경제적 안전에 상당히 중요하다. 하지만 글로벌 경제에서 우리는 마찬가지로 부와 기회의 범위를 확산시키는 길을 발견해야 한다. 우리 나라는 모든 사람은 평등하게 태어났다는 원칙 위에 건설되었다. 두 세기동안, 앤드류 잭슨 대통령의 말은 미국의 모토가 되었다. "만인에 대한 평등한 기회, 그 어느 누구를 위한 특권의 부재". 우리가 아직까지는 이 목표를 실현하지는 못했지만, 우리는 계급 없는 사회―기회의 문이 모두에게 열려있는 중산층 사회를 열망한다.

최근에, 그 이상을 향해 나아가는 것이 중단되었다. 1990년대의 경제적 호황으로, 수입이 일률적으로 올라갈 수 있음이 입증되었다. 하지만 과거 30년간, 그리고 특히 이번 10년 동안, 우리 사회에서의 경제력과 소유권 격차는 더욱 커졌다. 대부분의 미국인들이 (삶의) 기반을 잃지 않으려고 고군분투하는 반면, 상층과 중상층은 잭팟을 터뜨렸던 것이다. 두 경제적 추세가 이들의 기호에 맞게 흘러갔다. 대학 졸업장에 프리미엄을 얹는 사회에서, 이들은 대학 학위를 가지고 있을 가능성이 훨씬 더 높고, 자본에 프리미엄을 얹는 사회에서, 높은 수입으로 이들은 투자가가 될 가능성이 훨씬 더 많은 수단을 가지고 시작한다.

우리가 아메리칸 드림을 꾸고자 한다면, 우리는 이러한 추세를 민주화해야 한다. 은퇴저축은 부의 범위를 확대하기 위해 우리가 취해야 하는 여러 조치 중에서 한 가지인 것이다.

모든 근로자가 소유자가 되기

먼저, 우리는 이미 부유한 사람들을 위한 것이 아니라, 돈이 필요한 사람들이 경제력을 늘리도록 세법을 정밀 검토해야 한다. 다음에 설명하겠지만, 요령을 부려 세금의 허점을 잘 이용하는 사람뿐만 아니라, 모든 자가 소유자들에 의한 모기지 이율을 공제함으로써, 평범한 가정이 집을 소유하는 것이 훨씬 쉽게 되도록 해야 한다. 우리는 또한 공화당의 근로와의 전쟁을 종식해야 한다. 공화당의 이 전쟁으로, 백만장자의 비서가 버는 월급에 대한 세금보다도 백만장자가 주식 거래로 내는 세율이 훨씬 더 낮게 책정되었다. 중산층의 자본 소득세를 없

제7장 전국민 은퇴연금제도

애는 것—그리고 부자들에게 자본 소득세를 회복하는 것—은 미국이 열심히 일하면 부유하게 되고, 더 나아지기 위해 부자일 필요가 없는 그런 나라가 되는데 기여할 것이다.

우리는 최저 임금을 올릴 필요가 있다. 또한 모든 층에 걸쳐 수입을 늘릴 경제가 필요하다. 매일 출근하는 사람들은 봉급인상 이상으로 더 벌어야 한다. 경제가 성장하는데 기여한 사람은 성장에 따른 이득을 받을 가치가 있다. 몇몇 최고 기업들은 이를 잘 알고는, 근로자들에게 자기 회사 주식을 보유할 기회를 준다. 하지만 많은 미국 기업에서, 자본의 배당은 록펠러 시대와 여전히 같다. 근로자들은 임금을 받고, 경영진만 배당을 갖게 된다. 그리고 그 수준은 록펠러가 얼굴을 붉힐 정도의 경영진에 대한 성과 보상으로 나타난다.

1993년 클린턴 행정부는 100만 달러 이상의 급여에 대한 세금 공제를 없앰으로써, 경영진의 급여를 제한하고자 하였다. 경영진은 그 대신에 수백만 달러의 스톡 옵션을 주는 것으로 이에 대응했다. 이번에 우리는 이 문제를 다른 방향에서 접근해서, 경영진에게 스톡 옵션을 주는 기업은 모든 근로자들에게도 스톡 옵션을 주도록 요구해야 한다. 이런 식으로 경영진들이 자기들을 위해 무엇을 하든지 간에, 근로자들도 큰 이해를 가지게 될 것이다. 모든 근로자들도 소유자가 되어야 한다. 단지 이사진이나, 몇몇 부사장이나 CEO만 소유자인 것은 아니다. 마이크로소프트의 창설을 도운 비서가 실제로 백만장자가 될 수 있다면, 다른 회사에 있는 고용인들도 성공할 수 있어야 한다.

마지막으로, 소유자 사회는 보증이 따라오지 않는다면 제대로 작동될 수 없다는 것을 알 필요가 있다. 지금까지 우리들의 제안에서 주장하는 것처럼, 우리의 미래는 그 어느 때보다도 시장의 활력에 좌우된다. 그리고 이 때문에 금융시장을 그 자체에 맡겨놓지 않는 것은 어찌 보면 당연한 것이다. 지난 몇 년간, 국가는 이 일을 주정부에 넘겨주었다. 뉴욕 주의 엘리엇 스피처Eliot Spitzer와 같은 주 검찰총장들은 뮤추얼 펀드 산업과 여러 다른 복합 금융기관들을 연방정부로부터 거의 도움을 받지 못한 채 단속해야 했다. 알바니와 데모인의 감시인이 전적으로 혼자서 글로벌 경제의 신용을 보호할 수는 없는 노릇이다. 활기 넘치는 미국 경제는 증권거래위원회와 다른 연방정부의 규제가 조처를 취하고 주도권을 잡아야만 가능해진다. 기업들은 각 주마다 다른 제 각각의 규정을 원하지 않기 때문에, 강력한 국가적 법 집행이 사실상 친기업적인 것이다. 이사회에서 월스트리트에 이르기까지 기업의 지도자들은 시장의 투명성을 유지하려는 노력을 환영해야 한다. 즉, 금융 정보를 얻고 이해하고 신뢰하기가 지금보다도 더 쉬워야 하며, 자유 기업의 신용을 위험에 빠뜨리는 사람들을 처벌함으로써 이를 방어해야 한다. 기업들은 근로자들에게 한 약속에 책임을 지고, 연금제도로부터 도망가서는 안 되며, 납세자들에게 비용을 전가하지 말아야 한다.

처음부터, 미국은 기회를 확대하고, 자본주의를 민주화하고자 추구해 왔다. 다 함께, 이러한 조치─전 국민 401(k), 세제개

제7장 전국민 은퇴연금제도

혁, 모두를 위한 선택, 신뢰할 수 있는 시장—은 노령화 사회에 전국민 은퇴 보장을 제공할 것이고, 다음 세대를 도와 전국민이 잘 살 수 있도록 할 것이다. 전국민 소유자사회와 안전에 기반한 새로운 사회 계약은 두 개의 잠재력을 연결할 것이다. 비할 데 없는 미국 경제의 활력과 기회가 주어진다면, 기꺼이 더 열심히 일하고 자신과 자식들을 위한 더 나은 삶을 건설하고자 하는 미국인들의 자발성이 그것이다.

제 8 장
모든 어린이를 위한 의료보험

 21세기 들어 고용주들이 왜 임금을 올릴 수 없는지 궁금하다면, 그 이유를 알아내는 일은 그리 어렵지 않다. 의료보험료가 그 대신에 엄청 올랐던 것이다. 보험료는 인플레율보다 4배나 올랐고, 부시가 집권한 이래로 73퍼센트나 상승했다. 가족 전체가 커버가 되는 보험의 평균비용은 일년에 거의 1,000달러나 오르고 있다. 이렇게 괭렬한 속도로 오르는 데 고용주들은 꼼짝 못하고 있는 것이다. 의료비용이 계속해서 오르는 한, 수입은 그렇지 못할 것이다.
 만약 당신이 2.1조에 이르는 연간 의료 지출을 단속하려면, 워싱턴의 공화당 의원들을 고용하는 것으로부터 시작하지는 않을 것이다. 이들은 2004년 2조 3,000억 달러의 예산에서 413억 달러의 예산 결손을 보았던 사람들이다. 어느 정당도 미국 경제의 6분의 1을 차지하는 것—바로 의료비용을 나타내는 것이다—

제8장 모든 어린이를 위한 의료보험

을 다른 정당의 도움이 없이 전면 개혁할 수는 없을 것이다. 전국민 의료보험을 시행하는 데 대한 가장 큰 장애물은 의료보험을 애초에 이슈화 하게 하는 것, 즉 비용 문제이다. 비용을 통제하는 조치가 취해지지 않는 한, 전국민 의료보험을 시행하는 데 관련된 당사자들 어느 누구도—정부나, 기업, 개인 어느 누구도 이를 감당할 수는 없을 것이다. 〈헬스 어페어〉지의 최근 한 연구에 따르면, 미국은 의료비에 인구 당 5,267달러를 쓰는데, 이는 산업화된 국가의 평균치보다 두 배나 되며, 가장 가까운 경쟁상대인 스위스보다 1,812달러를 더 쓰는 셈이다. 미국이 전국민 의료보험의 길로 들어서려면, 우리는 먼저 이러한 목표를 더 어렵게 만드는 비용의 악순환에 제동을 걸어야만 한다. 우리는 지구 상 어느 나라 사람들보다도 의료비에 지출을 많이 하지만, 그만한 가치를 되돌려 받는 것은 아닌 것 같다.

1992년 우리는 남부의 조그만 주 주지사가 『서민을 먼저 생각하자 Putting People First』라는 책을 홍보하면서 전국을 횡단하는 것을 도왔다. "미국의 의료보험 체계는 비용은 너무 많이 들면서, 제대로 작동은 되지 않는다."라고 1992년 6월 빌 클린튼과 앨 고어가 썼다. "이 때문에, 6,000만 명의 미국인이 적절한 의료보험이 없이 지내고, 우리의 가정과 기업, 연방정부의 예산을 파산시킨다." 그들은 계속 설명하기를, 1980년 이래로 의료보험의 평균비용이 일년에 3,000달러까지 세 배나 올랐고, 이로 인해 심각한 경제적 사회적 비용이 생겼다. "매년 근로자들은 더 많이 돈을 낼 수밖에 없는 반면, 고용주들은 비용을 덜 내고 있다. 소상공인들은 파산을 하던지, 고용인들에게 좋은 일을 하던지 양자택일을 하지 않을 수 없게 되었다."『서민을 먼저 생각하자』에서는 미국이 정치적 게으름의 대가를 치르고 있다고 지적했다.

워싱턴은 중산층의 필요성을 계속 무시하고는, 의료비가 통제할 수 없을 정도로 치솟게 내버려 두었다. … 12년 전, 미국인들은 의료비에 249억을 썼다. 올해에는 800억 달러 이상을 쓸 것으로 보인다. 의료비용은 이제 파산과 노동쟁의의 제일 큰 원인이 되었다. 예를 들자면, 미국산 모든 자동차에 700달러의 비용을 추가하면서, 의료비는 이제 우리의 경쟁력을 위협하기까지 한다.

14년 후, 의료비용과 관련된 이야기에서 유일하게 바뀐 게 있다면 더욱 더 악화된 수치들뿐이다. 적절한 의료보험이 없이 지내는 6,000만 명의 미국인은 차치하고, 8,000만 명 이상의 미국인이 매년 어느 시점에서는 의료보험이 없이 지내게 된다. 700달러 대신에, 이제 의료비는 미국에서 만드는 모든 GM자동차에 1,500달러의 비용을 추가한다. 1980년에는 249억 달러였고, 1992년에는 800억 달러였던 비용이, 2006년에는 2.1조 달러에 이를 것이다. 연간 3,000달러였던 가족 평균 의료보험 비용이 이제는 11,000달러에 이른다.

워싱턴은 해리와 루이즈의 비용 억제론[18]을 증명했다. 즉,

제8장 모든 어린이를 위한 의료보험

의료비에 대해서는 아무 일도 하지 마라. 그러면, 매 10년 마다 비용은 3배로 치솟을 것이다.

클린튼의 백악관 시절의 상처투성이 용사로서, 우리는 그 때를 생각해서 의료보험 정책의 현상유지를 옹호하는 자들을 끌어낼 길을 모색하는 것은 아니다. 우리의 목표는 기업과 근로 가정과 이 나라가 파산하는 걸 막기 위해 가능한 한 빨리 미국이 해야 할 조치를 제안하고자 하는 것이다.

병에 걸린 의료보험 정치

미국 기업과 근로자들은 이미 의료비 부담으로 비틀거리고 있다. 어떤 조치가 취해지지 않는다면, 이들의 어려운 처지는 점점 더 악화될 뿐이다. 이와 함께, 늘어난 글로벌 경쟁과 노령화 인구의 증가라는 쌍둥이 추세는 우리 경제를 위협해서 정체상태가 되게끔 한다. 우리의 경쟁자들은 의료비 지출을 훨씬 더 적게 시작해서, 해가 거듭될수록 이들의 이점은 커지고 있다. 의료비는 1960년 국내 총생산의 5퍼센트에 불과했던 것이 이제는 국내 총생산의 16퍼센트에 이르고 있다. 미국 경제는

---

18) 해리와 루이스는 클린튼의 의료보험 법안에 대해 보수파가 내건 네거티브 광고에 나온 주인공이다. 여기서 주인공들은 클린튼의 법안에 대해 "더 좋은 방법이 있을 것인데…" 하면서 불평을 늘어놓았고, 이것이 불안감을 느낀 중산층들에게 공명을 불러일으켰다. -역자 주

전 지구적인 장애들 경주에서 나이 들어가는 선수처럼 뛰지 않을 수밖에 없게 되었다. 매번 한 바퀴를 돌 때마다, 허들은 점점 더 올라가고 숨은 더 가빠지는 것이다.

고용주들은 경제모델이 예측한 대로 할 수 있는 한 비용은 줄이면서 반응한다. 2000년과 2005년 사이, 근로자들에게 보험을 제공하는 기업의 많은 69퍼센트에서 60퍼센트로 떨어졌다. 의료비 공제는 매년 20퍼센트씩 오른다. 지난 세기, 근로자들에게 옳은 일을 했던 기업들은 이번 세기에는 이중고—즉, 연금지급 약속을 지키는 것과, 노령 은퇴자의 치솟는 의료비에 시달리고 있다.

부시 집권 시기에 의료비와 관련되어서 워싱턴에서 취한 주요한 조치는—노인의료보험처방약법—이에 따른 이점과 비용 억제라는 측면보다는 관료주의와 혼란만 가중시켰을 뿐이다. 이것의 셀 수도 없는 단점은 결코 우연이 아니다. 흔히 그랬듯이 부시의 백악관이 이 법안을 입법화한 동기는 실체적인 것이 아니라 정치적인 것이었기 때문이다. 65세 이상의 미국인들은 다른 연령대보다도 투표율이 높다. 지난 10년간 이들은 가장 뜨겁게 경쟁이 붙은 유권자 블록이었고, 처방약 비용은 이들이 가장 중요하게 생각하는 이슈였던 것이다. 보수주의자들은 연방정부에 새로이 값비싼 권한을 준다는 생각에 격렬하게 반대했다. 하지만, 영구적인 공화당 주도의 정계개편에 대한 칼 로브의 계획은 노년층의 환심을 사는 것을 착수했다. 칼 로브와 부시는 기꺼이 그 어떤 대가도 치르려고 했었다.

제8장 모든 어린이를 위한 의료보험

앞으로 몇 년간, 정치학자들은 어떻게 나쁜 법안이 입법화가 되는지에 대한 사례연구로 처방약법이 가져온 재앙을 가르칠 것이다. 많은 공화당 의원들도 마음속으로는 민주당 의원들과 마찬가지로 이 법안을 경멸했다. 보건복지부의 전문가들은 비용이 적게 잡혔다는 것을 알았다. 노인들은 이 법안이 문제를 해결하기 보다는 더 문제를 만들어낼 것이라고 경고하고자 했다. 약사들도 이것은 관료주의의 악몽이 될 것임을 예견했다. 하지만 그 모든 철학적, 실용적, 재정적인 반대도 정치라는 이름 앞에서는 기각되었다. 백악관은 이 법이 투표소 이외의 어느 곳에서 제대로 기능을 하는지 어떤지에 대해서는 관심도 없었다.

처방약법은 바로 그 이유 때문에 정치적 도덕성에 대한 완벽한 소재이다. 부시 행정부가 어렵사리 배운 것처럼, 노년층도 칼 로브가 기대한 것과는 딱 반대의 목표를 가지게 되었다. 이들은 자신들과 황금기를 구가할 정당을 찾고 있었던 것은 아니었다. 이들은 선거일을 걱정했던 것도 아니었다. 이들은 단지 남은 생애동안 먹을 약값을 걱정하고 있었던 것이다. 역설적으로, 노년층이 신경 썼던 유일한 것—정책—에 백악관이 실패함으로써, 백악관이 신경 썼던 유일한 점—정치—이 훼손되었다.

공화당만이 의료 문제와 관련해서 정치적 점수를 올리려고 한 것은 아니다. 1990년대 말, 일부 민주당 의원들은 11월에 있을 선거에서 대공화당 이슈를 잃을지도 모른다는 두려움에,

클린튼의 백악관에 환자의 권리장전에 대해 합의를 하지 않도록 요청했다. 미국과 달리, 이들은 운이 좋았다. 공화당도 합의에 도달하는 것을 원치 않았던 것이다. 몇몇 의원 선거가 지난후, 우리가 당시 민주당 사람들에게 말했던 것이 맞았음이 드러났다. 공화당 의원들이 사장시킨 괜찮은 아이디어 리스트는 그때까지 너무 길어서, 우리는 설령 우리가 원하는 목록의 몇몇 항목들을 통과시키고도, 다가올 몇 년간 유권자들이 상대 정당을 향해 제기할 많은 불만들을 남겨 놓을 수 있었다.

처방약법을 통고시키기 위해, 칼 로브는 이 법이 공화당의 재선을 보장하는데 필수적이라고 공화당에 약속했다. 2년 마다 민주당의 정치 컨설턴트들도 똑 같은 메시지를 후보들에게 속삭인다. 올해는 마침내 민주당 후보들이 의료보험 이슈를 가지고 선거에서 승리할 것이라고 말이다. 의료 문제와 관련해서 이길 것이라는 생각에 놀아나지 않을 사람들은 아마도 의료비를 갚느라고 쩔쩔매는 미국의 가정과 기업들일 것이다.

비용을 줄이는 다섯 가지 방법

미국 내 모든 주요 산업은 혁신과 생산성 향상, 비용 억제 면에서 혁명을 겪었다. 이제는 의료계의 차례이다. 컴퓨터와 대형 상점으로 우리가 돈을 절약할 수 있다면, 의사와 CAT 스캔도 할 수 있는 것이다. 우리는 미국의 의료 체계를 21세기

제8장 모든 어린이를 위한 의료보험

로 인도할 전국적인 개혁운동이 필요하다. 여기에 비용을 줄이고, 현대화와 책임성을 통해 (의료) 질을 향상할 다섯 가지 상식적인 방법이 있다.

먼저, 우리는 지난 10년 간 미국 경제의 상당 부분을 변하게 했던 생산성 혁명이 의료시스템에서도 이루어지도록 해야 한다. 정보 기술은 비용을 줄이고, 환자에 대해 보다 나은 결과를 가져올 엄청난 잠재력을 지니고 있다. 의료 사고로 인한 연간 약 98,000건의 사망의 상당 부분은 보다 나은 정보와 의사소통으로 예방될 수 있는 것이다. 힐러리 클린튼 상원의원과 뉴트 깅그리치 전 하원의장은 전자 의료기록의 중요성에 대해서 말해 왔다. 의사가 환자의 전체 의료기록을 즉각 볼 수 있고, 전자 처방전을 발행해서, 약사가 의사의 필체를 해독할 필요가 없으며, 이중 테스트를 하지 않을 필요를 안다면, 의료비는 줄어들 것이다. 클린튼 상원의원이 지적한 것처럼, 달러 당 34센트를 관리비용에 쓰는 나라는—다른 나라보다 15센트나 더 많이 쓴다—"20세기 관료주의를 없애는데 21세기의 기술" 사용하는 것을 배워야 한다. 작년에 랜드RAND연구소의 연구에 따르면, 정보 기술을 이용함으로써 잠재적으로 줄어드는 의료비가 자그마치 일년에 162억 달러에 이르는 것으로 추산되었다.

두 번째로, 의료시스템을 성과에 보상하는 방식으로 구조화할 필요가 있다. 이것이 의미하는 바는, (의료) 공급자에게 (의료) 절차의 수에 따라 돈을 지급하는 것이 아니라 결과의 질에 따라 돈을 지불하는 것이다. 다른 산업에서, 서비스에 대해 비용을 지불한다는 생각은 왕진만큼이나 구식이 되었다. 의약의 미래는 성과에 대한 비용이 되어야 한다.

세 번째로, 의료시스템은 먼저 사람들이 건강하게 있도록 도와야 할 것이다. 어떤 정부 프로그램도 개인의 책임을 묻지 않는다면 제대로 기능할 수 없을 것이다. 비용을 줄이고 의료 혜택을 확대하려는 노력 속에서, 우리는 의료시스템에서의 개인의 책임성이 이 두 가지 목표를 진전시키는 데 얼마나 중요한지를 인식해야 한다. 의료 혜택을 주면서, 우리는 각 개인들이 현재의 건강 문제를 인식하고, 앞으로의 건강상의 문제를 예방하기 위해 무료건강검진에 나올 것을 주장해야 한다. 의료 공급자와 고용주들은 수혜자들을 진지하게 체력과 건강 계획으로 선회시킨데 대해 보상을 받아야 한다. 자동차와 주택 보험과 마찬가지로, 건강보험도 책임 있는 행동에 대해 보상을 받아야 한다.

네 번째로, 효과적인 치료가 비용 대비 가장 효과적이다. 정부는 미국에서 가장 큰 의료 구매자이고, 어느 처방이 가장 잘 듣는지를 밝혀내는데 주도적이어야 한다. 우리는 제약 업자에서부터 주요 질병에 대한 처방에 이르기까지 모든 것에 대해 비교 효과성을 더 연구함으로써, 비용도 많이 절약할 수 있고, 결과도 나아질 수 있다.

다섯 번째로, 우리는 돈을 가장 많이 쓰는 만성질환 분야에 일을 더 잘 하도록 함으로써, 돈을 가장 많이 절약할 수 있다.

제8장 모든 어린이를 위한 의료보험

만성질환 관리자들은 환자들이 올바른 치료를 받고, 올바른 조치를 취하도록 함으로써, 극적으로 절약할 수 있을 뿐만 아니라, 극적으로 더 나은 결과를 얻을 수 있을 것이다. 폐기종 환자가 담배를 끊도록 돕거나, 심장병 환자가 운동을 하도록 하는 것은 단순히 비용 대비 효과적일 뿐만 아니라, 더 나은 약이기도 하다.

미국의 모든 어린이들에게 의료보험을

미국이 이렇게 절약하게 된다면, 전국민 의료보험이라는 목표는 더 이상 도달할 수 없는 그런 것이 아니다. 하지만 거기에 이르기 위해서, 우리는 먼저 역사로부터 배워야 한다. 네 명의 대통령이 전국민 의료보험을 추구했지만, 아깝게 실패했다. 미국이 아직 전국민 의료보험에 도달하기는 멀었지만, 노인과 재향군인, 저소득층처럼 쉽게 의료보험을 들기 힘든 계층을 위한 일반화된 의료보험이란 큰일을 해내기도 했다. 이러한 성공 위에서, 모든 미국인들에게 가격도 알맞고, 의미 있고, 책임있는 의료 혜택을 보장한다라는 궁극적인 목표를 이룰 중요한 단계로 세 가지 국가적 목표를 제시하고자 한다. 즉, 모든 어린이들이 의료혜택을 받도록 하는 것, 베이비 붐 세대의 인구 통계적 시기에 맞게 노인의료보험프로그램을 준비하는 것, 고용인들의 의료비용이 미국의 소상공인들이 감내할 수 있는 수준이 되도록 하는 것이 그것이다.

워싱턴의 완고한 태도에도 불구하고, 진정한 진보는 가능하다. 과거의 진정한 사회정책의 성공 스토리 중의 하나는 아직 알려지지 않았다. 클린턴 대통령이 1997년 균형예산법의 일부로 요구했던 어린이의료보험프로그램the State Children's Health Insurance Program이 바로 그것이다. 클린턴은 1997년 연두교서에서 그 계획을 발표하면서, 이 프로그램으로 500만 명의 어린이들이 혜택을 보게 될 것이라고 말했다. 이 프로그램은 그 약속을 지켰고, 2005년에는 580만 명의 어린이들이 혜택을 보았다.

SCHIP의 성공은 그렇지 않았더라면 불길한 숫자가 계속 반복되었을 의료 통계에 한 줄기 밝은 점이 되었다. 지난 10년 간, 근로자들에게 의료보험을 제공하는 고용주의 비율은 지속적으로 줄어들고 있었고, 보험이 없는 사람들은 2000년 이후로 600만 명이나 늘었다. 하지만 저소득층 의료보험과 어린이의료보험프로그램 덕분에, 보험이 없는 아이들의 비율은 사실상 줄어들었다.

우리의 다음 번 임무는 저소득층 의료보험과 어린이의료보험프로그램이 상당한 진전을 이룬 일을 마무리 지어야 한다. 즉, 미국 내 모든 어린이들의 의료 혜택을 보장하는 것이다. 일리노이 주에서는 로드 블래고제비치Rod Blagojevich 주지사가 이미 "올 키즈All Kids"라는 프로그램을 통해서 이 일을 해 내었다. 이 프로그램은 부모가 감당할 수 있는 비율로 일리노이

제8장 모든 어린이를 위한 의료보험

주에 있는 모든 어린이들에게 포괄적인 의료보험이 이용 가능하게 한 것이다. 매사추세츠 주에서는 모든 시민이 의료보험을 구입하도록 요구하는 새로운 주 아젠다를 통해 똑 같은 일을 하고 있다. 2007년에 의회가 SCHIP를 갱신할 때, 우리는 초당파적으로 협력해서 전국 어린이들을 위한 의료보험에 동의해야 할 것이다. 국가로서, 우리는 미국 내 모든 부모들이 자녀를 위한 의료보험을 구입하도록 요구해야 하며, 이를 위해서 필요한 지원을 해야 할 것이다.

전국치료센터

두 번째로, 우리는 고령화 사회에 대비해서 의료시스템을 준비해야 한다. 21세기의 가장 큰 재정적 도전은 사회보장 때문도 아니고 방위비나 조지 부시의 무모한 감세나 제멋대로 쓴 지출 때문만도 아니다. 그것은 베이비 붐 세대가 시니어 붐 세대가 되면서 늘어난 노인의료보험비와 저소득층 의료보험 비용 때문이다. 노인의료보험의 수탁자들은 이제 2018년이면 시스템이 붕괴될 것이라고 말한다. 바로 12년 밖에 남지 않았고, 이는 부시가 집권했을 때 이들이 예측한 것보다 12년이나 더 빨리 온 것이다. 노인의료보험을 받는 인구가 4,000만 명에서 8,000만 명 이상으로 두 배나 급증함에 따라, 재정을 조달하고 더 효과적으로 필요한 치료를 받을 수 있도록 하는

더 플랜

새로운 방법이 단지 바람직한 수준을 넘어서 절대적으로 필요하게 되었다. 부시 행정부의 재정적 광란의 질주가 계속 된다면, 우리는 결코 충분한 자원을 가질 수 없겠지만, 그렇다 하더라도 이런 프로그램을 현대화하고자 공격적으로 노력을 기울이지 않고 의료비 도전이 사라질 것이라고 여겨서는 안 된다. 21세기 후반부에 노인의료보험 지불을 보장할 계획이 없다는 점을 우리는 고백해야 한다. 하지만 우리는 지금 노인의료보험 신탁기금저축을 시작할 수 있을 것이다. 1997년 균형예산법으로 설립된 독립적인 연방기구인 노인의료보험지불권고위원회Medicare Payment Advisory Commission에서 연간 60억 달러를 절약할 수 있는 일련의 분별 있는 지불개혁안을 권고했다. 부시 행정부는 무책임하게도 엄청나게 비싼 새로운 처방약법을 만들고는 그 비용을 숨기더니, 가장 좋은 약값을 책정하는 시도 자체를 아예 배제해 버렸다. 2006년 초, 54명의 상원의원들—이 중에는 11명의 공화당 의원도 포함되어 있었다—은 노인의료보험이 처방약에 대해 민간보험과 경쟁해서 가장 좋은 가격을 협상할 수 있는 권한을 주는데 찬성표를 던짐으로써 대통령의 시도를 좌절시켰다. 게다가, 우리는 노인의료보험과 저소득층 의료보험프로그램 내에서 보다 적극적으로 만성질환 관리프로그램을 추구해서 실행한다면, 더 많이 절약하고 효율성을 제고하며 치료도 개선할 수 있을 것이다. 노인의료보험비의 3분의 2가 다섯 가지 이상의 만성병을 지닌 환자들에게 쓰이기 때문에, 바보가 아닌 다음에야 이들에게 초점을 맞춰서 더 많

제8장 모든 어린이를 위한 의료보험

은 시간을 쏟고, 각 주들이 저소득층 의료보험 프로그램에서도 똑같이 하도록 유인책을 만들도록 해야 할 것이다. 이 모든 조처를 통해서 잠재적으로 절약할 수 있는 기금은 노인의료보험신탁기금―과 처방약프로그램―의 생명을 연장하는 데로 보내질 것이다.

엄밀히 말해서, 우리 사회가 고령화되어 가고 있기 때문에, 우리는 만성질환을 관리할 능력을 향상시켜야 할 뿐만 아니라, 만성질환을 고치는 것도 추구해야 한다. 우리가 암이나 당뇨병, 알츠하이머와 같은 질병을 치료하는데 수백억 달러를 쓰니까, 우리가 이들 질병을 고침으로써 무엇을 절약할 수 있는지 한 번 상상해 보자. 줄기세포 연구의 길을 가로막지 말고, 워싱턴은 치료를 위한 연구를 정치가 아니라 과학이 주도하도록 해야 한다. 우리는 또한 광범위하게 양 당의 지지를 얻고 있는 아이디어를 선호하는데, 이는 바로 만성질환의 치료책을 발견하는데 주력하는 전국치료센터이다. 의학적 진보를 가져오는 최고의 공적 동력인 전국의료기구 National Institutes of Health 는 기초의학연구에 대한 광범위한 임무를 띠고 있다. 전국치료센터는 정부 내와 공·사 협력의 노력을 통해 연구과학자들의 재능을 인도해서, 치료를 위한 연구에서의 명확한 이정표를 세울 노력을 끌어낼 것이다. 이 아이디어는 시장의 실패를 치유할 것이다. 제약회사나 의료기구 제조업자들이 하는 민간연구는 대체로 만성질환을 처치하는데 초점을 두지 이들 질환을 철저하게 고치거나, 처음부터 예방하는 데 있는 것은 아니다. 예를 들면,

제약업자들은 백신을 만드는데 매우 느리다. 환자가 단지 한 번만 복용하면 된다면 투자금을 회수할 수 없기 때문에 그러하다. 마찬가지로, 우리가 치료에 상대적으로 조금만 공공투자를 한다면, 사실상 만성질환을 치료함으로써 절약할 수 있는 상당액을 감소시키는 셈이다. 한번 소아마비를 치료하는 데는 상당한 비용이 든다. 백신 덕분에 이 질병은 미국에서는 더 이상 존재하지 않는다. 알츠하이머병은 연간 100억 달러의 비용이 든다. 만약에 치료책이 있다면, 미국 내 요양소의 침상의 반은 비게 될 것이다. 단순히 치료를 장기화하는 것이 아니라, 실제로 사람들을 고치는 과학적 발견이 없다면, 우리는 베이비 붐 세대의 은퇴를 감당하기에는 상당한 압박을 받을 것이다.

모두가 의회와 같은 의료 혜택을 받아야 한다

다른 부문보다도 더 많은 지원을 받아야 할 경제 부문이 있다면, 그것은 아마도 미국 경제의 척추인 우리의 소상공인일 것이다. 미국인 3분의 1이 고용인이 100명도 안 되는 기업에서 일하고 있고, 소상공인은 우리 경제에서 신규 일자리를 가장 많이 창출한다. 게다가 소기업의 기업가 정신은 우리 경제에 있어서 가장 큰 자산 중의 하나이다. 〈포춘Fortune〉지가 선정한 500대 기업의 상당수가—홈 디포나 구글과 같은 막강한 기업을 포함해서—30년 전에는 존재하지도 않았다.

제8장 모든 어린이를 위한 의료보험

제너럴 모터스와 같은 대기업들이 의료보험 논쟁에서 가장 많은 주목을 받고 있지만―이들 기업들이 거대한 은퇴 인구와 관대한 복지제도라는 쌍둥이 부담을 짊어지고 있기 때문이다―높은 의료비 문제는 소기업과 그 고용인들에게도 마찬가지로 두통거리가 되지 않을 수 없다. 미국 내 4,600만 명에 이르는 무보험자들의 대부분은 일하고 있고, 이들 보험이 없는 근로자들의 대다수가 소기업에서 일하고 있다. 소기업의 약 반 정도만이 고용인들에게 의료보험을 제공하고 있는데, 이는 소기업과 그 근로자들이 부담할 수 있는 보험을 찾기가 너무 어려운 탓이다. 보험 시장에서는, 가격과 위험은 공동 출자자의 규모에 좌우된다. 노인의료보험이나, 연방공무원의료복지프로그램FEHBP, Federal Employees Health Benefits Program과 같은 대규모 기금에서는 비용을 억제할 수가 있는데, 이는 그들이 많은 사람들에게 위험을 분산할 수 있기 때문인 것이다. 반면에, 소규모 기업들은 정반대의 운명을 겪고 있는 것이다. 공동 출자자가 적으면 적을수록, 거래는 악화된다.

소기업들이 혼자서 꾸려가도록 내버려 두는 대신에, 우리는 이들에게 공동으로 구매할 수 있는 기회를 주어야 한다. 미국에서 가장 구매력이 좋은 기금은, 당연하게도 의회 성원들에게 주는 것―FEHBP이다. 800만 명이 가입을 해서, 이 프로그램으로 연방공무원들은 200개의 다른 의료보험을 선택할 수 있고, 괜찮은 가격에 양질의 의료 혜택을 요구할 수 있는 힘을 가졌다.

모든 미국인들도 의회 성원들이 누리는 것과 같은 의료 혜택에 접근할 수 있어야 한다. 리차드 더빈Richard Durbin 상원의원과 블랑쉬 링컨Blanche Lincoln 상원의원, 론 킨드Ron Kind 하원의원이 이런 안을 제안했다. 소기업의료복지프로그램법Small Employers Health Benefits Program Act은 FEHBP와 같은 보험을 만들어서, 집단 구매력의 혜택을 보면서 관리비용을 낮추고 선택은 더 넓혀 놓을 것이다. 더빈법안은 고용주들에게 실질적인 세제 혜택을 주어서, 그들의 의료비 지출 변제에 도움이 될 것이다. 연방프로그램에서처럼, 개인들도 의료보험에 대해 선택을 할 수 있을 것이다. 더빈법이 전국적인 프로그램을 만든다면, 연방정부는 주정부와 협력해서 주 차원의 프로그램을 만들 수 있을 것이다.

우리가 처음부터 시작할 수 있다면, 우리는 고용주 기반 의료시스템을 만들지는 않을 것이다. 이것은 2차 대전의 유물로, 이 당시 정부가 부과한 임금 통제로 고용주들이 일할 사람들을 끌어들일 방도를 찾고자 하는 데서 나온 것이다.

오랫동안 우리가 들어왔던 의료 체계에 대한 아이디어 중 가장 괜찮은 것 가운데 하나는 우리집 주치의인 에제킬 이매뉴엘Ezekiel Emanuel박사에게서 나온 것이다. 그는 이매뉴엘 형제들 중 맏형으로, 그 집 부모는 아들이 정치인이 아니라 의사가 된 것을 자랑스레 여긴다. 〈보스턴 리뷰Boston Review〉지에, 젝크Zeke와 빅터 퍽스Dr. Victor Fuchs 박사는 (의료시스템이 맞닥뜨린) 도전에 대해서 다음과 같이 설명한다.

제8장 모든 어린이를 위한 의료보험

종교적이고 경제적인 이유로, 개인주의는 항상 미국의 정치적 가치의 한 중심에 있었다. 그리고 평등에 대한 미국의 개념은 이러한 개인주의에 뿌리를 두고 있다. 즉, 미국은 기회의 나라이지, 경제적 안전의 나라는 아닌 것이다. 우리는 기회의 평등을 믿는 것이지, 결과의 평등을 믿는 것은 아니다. 그 결과, 캐나다나 대부분의 서유럽 국가와 비교했을 때, 우리는 사회적 경제적 문제에 대한 책임을 훨씬 적게 지는, 비교적 작은 정부를 갖고 있는 것이다. 그러면서 개인들이 사적 시장에서 많은 것들을 추구하도록 내버려 둔다.

이매뉴엘과 퍽스가 우리에게 상기시키는 점은, 일원화된 의료보험제도나 다른 나라의 철저한 사회안전망을 갈망하는 이들은 해리 트루만과 리차드 닉슨과 같이 여러 스펙트럼의 대통령들이 이러한 것들을 입법화할 수 없었던 이유를 잊어서는 안 된다는 것이다. "이 나라에 가장 좋은 것이라고 여기고 바라는 것과 (이 나라에) 깊이 스며든 가치에 공명하는 것을 혼동해서는 안 된다." 〈뉴 잉글랜드 저널 오브 메디슨New England Journal of Medicine〉에서, 이매뉴엘과 퍽스는 이러한 가치에 부합하는 접근법—"전국민 의료보험을 위한 바우처 시스템Voucher System" —을 제시했다. 이 바우처 시스템은 65세 이하의 미국인들에게 보험 회사나 자신들이 선택한 의료보험으로 기본적인 의료 서비스를 받도록 하는 바우처를 주는 것이다. 보편적인 바우처는 정치 지형 전반으로부터 가장 호소력 있는 점들을 다 끌어 모으려고 시도한다. 민주당이 주장하는 것처럼, 모든 사람이 의미 있고 진료에 기반한 혜택을 받을 것이다. 그리고 공화당이 주장하는 것처럼, 모든 사람들은 자신들의 의료보험 혜택을 어디서 받을 것인지 선택할 수 있을 것이다. 또한 납세자들이 요구하는 것처럼, 포괄적인 서비스보다는 기본적인 서비스를 받음으로써, 은행잔고를 고갈시키지 않아도 되는 것이다.

이매뉴엘과 펔스는 자신들의 제안이 현재 워싱턴에서 달성하기 어렵다는 것을 물론 인정한다. 과거 개혁이 부족한 점이 많고, 공화당이 그 자리에 그리 신뢰가 가지 않는 대안을 남겨놓으려고 하는 이 마당에, 우리는 고용주 시스템을 포기하고자 하는 강한 동기를 가지고 있지는 않다. 하지만 미국의 의료비를 통제 하에 두고, 전국민 의료보험의 길로 들어서는 데 성공한다면, 우리는 장기적으로 이매뉴엘과 펔스의 원칙을 염두에 두어야 한다.

의료 문제에 있어서 어떤 것도 이제까지 쉽지는 않았다. 이 장에 제시된 아이디어가 갖는 장점—전체 어린이의료보험, 비용을 줄이고 질을 높이는 생산성 혁명, 고령화 사회에 대한 새로운 치료법, 소기업들이 감당할 수 있는 의료보험—은 이러한 것들이 실지로 일어날 수 있는 것이라는 데 있다. 수년에 걸쳐서, 의료 문제 이외의 어떤 이슈도 이처럼 정치 체계를 곤경에 빠뜨린 것은 없다. 우리의 경제 체계는 이제 진정한 진보를 이루는 데 달려 있다.

제 9 장
재정 책임과 기업복지의 종식

미국이 새로운 사회적 계약을 맺으려면, 워싱턴은 이 계약에서 자기의 몫을 다할 필요가 있다. 광범위하게 퍼진 기업복지에서부터 정치꾼이 주도하는 관료주의에 이르기까지, 우리는 돈으로 살 수 있는 최악의 정부를 우리에게 준 정치적 남용을 끝내야만 한다. 대통령과 의회는 미래에 대해 더 숙고하고 과거에는 덜 신경을 쓰게끔 해야 한다. 미국의 생활양식이 한쪽에서는 테러로, 다른 한쪽에서는 경제적 경쟁으로 위협 받는다면, 한쪽 전쟁에서 싸워서 이기지 못한 채 다른 전쟁에서 싸워 이길 수는 없는 것이다. 조지 부시의 테러와의 전쟁에서 가장 큰 실책 중의 하나는, 국내에서의 경제적 부담이 얼마나 해외에서의 부담에 더해지는지를 결코 인식하지 못한 데 있다. 테러와의 전쟁에서 이기고, 경제적 초강대국으로 남아 있으려는 두 개의 장기 전선에 대해서는 아무런 계획도 하지 않은 채,

공화당의 세금과 지출 정책으로 국가의 군자금은 고갈되고, 어느 목표도 감내하기가 힘들게 되었다.

부시 이전의 어떤 미국 대통령도 전시에 세금을 깎지는 않았다. 그러는 데에는 이유가 있었다. 전쟁은 돈이 많이 들기 때문이다. 2차 대전 때, 프랭클린 루즈벨트는 최고 납세층의 세율을 94퍼센트까지 올렸다. 이는 그가 부자들을 싫어했기 때문도 아니고, "공급 측면의 경제학"이 아직 나오지 않았기 때문도 아니다. 단지 그는 미국이 승리를 하는데 필요한 준비태세를 갖추고 싶었을 뿐이다. 공화당이 레이건의 방위력 증강지출로 소련의 항복을 도왔다는 것을 자랑스레 여기는 것은 타당한 근거가 있다. 이번에는 공화당은 미국에 똑 같은 일을 하고자 애쓰고 있는 셈이다.

진 스펄링에 따르면, "부시의 재정 정책은 역사상 최악의 재정적 악화를 가져오는 데 가장 큰 단일 요소이다. 결국에는 우리의 재정적 입지를 연간 400~500억 달러로 악화시키고 있다." 부시의 재정 적자는 정치적 디자인으로 나온 것이다. 온정적 보수주의는 정치적으로는 영리한 것이다. 그리고 보수주의자들에게는 부시가 세금을 깎을 것이라고 약속하는 동시에, 여타의 국민들에게는 감세로 정부 지출을 줄이지는 않을 것이라고 공언하는 명백히 오도된 길이었다.

토마스 제퍼슨 이래로 어떤 대통령도 단 한 차례의 거부권도 없이 그렇게 오래 가지는 않았다. 대통령이 아니오 라고 말하지 않을 거면, 의회 내 여당도 아니오 라고 말하지는 않을 것이

제9장 재정 책임과 기업복지의 종식

다. 공화당이 유권자들에게 보내는 메시지는 이렇게 보인다. "우리가 다시 낭비하기 전에 우리를 막아 달라."

줄이고 투자하라

2차 대전 때, 프랭클린 루즈벨트는 전쟁에 재정 지원을 하기 위해서만이 아니라, 미국에 우리의 병사만이 희생해야 하는 것은 아니라는 것을 보이고자 과감한 조처를 취했다. 오늘날 워싱턴은 중국 채권단을 견제하기 위해서 뿐만 아니라, 책임은 위에서부터 시작한다는 것을 보이기 위해서라도 허리띠를 조여 맬 필요가 있다. 존 에드워즈 당시 상원의원이 민주주의리더십회의에서 행한 연설에서 말했듯이, "대통령께서, 책임이란 말을 사용하지 않을 거라면, 우리가 그 말을 되찾아 와도 될까요?"

미국의 재정 상태를 제자리로 돌리는 유일한 분별 있는 전략은 경제학자 로브 샤피로가 "줄이고 투자하라cut and invest"고 이름 붙인 것이다. 믿거나 말거나 간에, 비대해진 정부 예산을 쳐내는 길을 찾기는 그리 어렵지 않다. 진보정책연구소Progressive Policy Institute의 폴 와인슈타인Paul Weinstein은 다음 10년간 잠재적으로 1.8조 달러를 줄일 수 있는 항목을 알아냈다. 예산 적자를 다시 통제 하에 둘 수 있는 세 가지 방편이 있다. 첫째, 우리에게 더 이상 필요 없는 프로그램과 특권을 없애는 것. 둘째, 시장을 왜곡할 틈새를 막는 것. 그리고 세 번째로, 지속가능하고 광범위하게 기반한 경제적 성장의 길로 들어서는 것이다.

먼저, 미혼모에 대한 사회복지를 없앤 사회는 기업에 대한 복지혜택도 없애는 편이 낫다. 낡은 사회복지시스템이 우리의 사회정책의 가치를 왜곡시킨 것처럼, 기업복지도 그에 절대로 못지않게 우리의 경제 정책의 가치를 왜곡시킨다. 우리가 자유 기업과 경쟁, 자유 시장을 신봉한다면, 우리가 알던 기업복지를 끝내기를 맹세해야 한다. 미국이 새로운 경제적 경쟁에 대비하기 위해서, 연방정부가 낡은 부패의 정치를 떠나는 것보다 더 확실한 증거는 없을 것이다. 기업복지를 줄이기 위해서, 존 매케인 상원의원과 조 리버만 상원의원이 오랫동안 옹호해 온 것으로, 우리는 구속력 있는 위원회를 선호한다. 의회가 냉전 말 우리의 방어력을 현대화할 중추기관을 찾을 필요가 생겼을 때, 의회는 기지재배치및폐쇄위원회Base Realignment and Closure Commission를 만들었다. 이 위원회는 한번 찬반 투표를 하면 되는 포괄적인 패키지를 추천해서, 의원들이 특정한 기지를 폐쇄하느냐 마느냐로 투표하지 않아도 되게 하였다. 초당적인 기지 폐쇄식의 기업복지위원회는, 지나친 지출을 방어하고자 하는 의원들로 하여금 국민들 앞에서의 공개투표로 자신의 터무니없는 입장을 방해해야만 할 것이다. 한 독립적인 기관의 추정에 따르면, 기업복지를 줄이면 10년간 적어도 200억 달러를 쉽게 절약할 수 있을 거라고 한다.

다음으로, 우리는 워싱턴이 우선순위를 매기는 방법을 근본

제9장 재정 책임과 기업복지의 종식

적으로 바꾸는 새로운 규칙이 필요하다. 우선 우리는 초당적이고 상식에 입각한 두 원칙을 복구할 필요가 있다. 이 원칙으로 지난번에 예산이 남을 수 있었다. 그것은 연간 지출 한도와 의회예산준칙 이행법이다. 이 원칙으로, 의회는 지불수단이 없다면, 새로운 프로그램을 통과시키지도 못하고, 세금 삭감을 할 수도 없다. 과거에 이러한 원칙은 상당히 효과적임이 드러났다. 왜냐하면, 이러한 원칙으로 모든 사람들이 재정 질서에 이해관계를 같이했던 것이다. 예산을 마구 낭비하는 의원들은 동료의 낭비를 눈감아 주게 되면 자신들이 선호하는 것에 대한 여지가 줄어든다는 것을 의미한다는 것을 이제 알게 된다. 세금 입안가들은 세금 삭감에 맞선 청원에 대해 이제 쉽게 응할 수 있게 되었다. "이걸 지불하기 위해 뭘 삭감했는지 말해보시오" 식으로 말이다. 부시 행정부는 감세안과 (부시 행정부가 지불할 수 없는) 추가 정부예산안에 길을 내주기 위해 이 모든 원칙들을 포기했다. 이런 원칙들을 강제할 수단이 없는 채로 의회와 대통령은 운동하기를 거부하거나, 칼로리 계산을 포기한 채 다이어트를 하는 사람들과 같게 되었다. 그리고 예산이 비대해져서 그 상태로 머무는 데는 그리 오랜 시간이 걸리지 않을 것이다.

미래예산

우리가 이 책에서 개관한 도전을 맡기 위해서는 또 다른 새로운 패러다임이 필요하다. 주요 경제 사상가이자 월스트리트 금융가인 펠릭스 로하튼Felix Rohatyn은 연방정부에 대해 대부분의 주들이 보이는 솔선수범을 따르고, 장기투자에 대한 자본예산을 따로 발전시켜야 한다고 권고했다. 그는 이를 "미국을 위한 신탁자금"이라고 부른다. 1990년대 초, 경제학자 로브 샤피로도 비슷한 아이디어를 내놓았다. 바로, 연간 소비될 예산과 분리된 "미래예산Future Budget"이 그것이다. 이 아이디어에 깔린 원칙은 철저히 논리적이다. 일부 정부 지출은 시간이 흐르면서 국가가 좀더 생산적이고 효율적이 됨으로써, 스스로 지출 이상을 의미하게 될 진짜 투자인 것이다. 다른 정부 지출은 전적으로 그 순간을 위해 구상된 것이다. 즉, 과거의 실수를 만회하고, 현재의 압력을 경감하며, 많은 경우에서는 돈을 써버림으로써 그때그때의 정치적 필요성을 충족시키는 것이다. 너무나 자주, 협소한 정치적 절박성으로 인해서 장기적인 국가의 이해가 후순위로 밀린다.

미래예산의 목적은 미국의 장기적인 이해로 하여금 워싱턴에서 싸울 수 있는 기회를 주는 것이다. 명확하게 규정된, 목표가 분명한 미래예산은 장기적으로 스스로 재정을 조달할 수 있는 투자의 여지를 남겨 둘 것이다. 미래의 필요성이 미래예산 내에서 처리되는 한, 민주당과 공화당은 회계의 소비상의 균형을 맞추도록 하는 엄격한 요구를 받아들일 것이다.

워싱턴이 이용해 먹을 틈새를 좋아한다는 것을 고려한다면, 미래예산에서 고려해야 하는 원칙은 조심스럽게 끌어내져야

제9장 재정 책임과 기업복지의 종식

할 것이다. 샤피로는 투자를 소비와 구분하기 위해 중립적이고 초당적인 위원회를 제안했다. 예를 들면, 의학 연구와 연구개발을 위한 연방지원 및 교육은 투자로 생각될 수 있지만, 관리비용과 가난한 자를 위한 식권은 소비로 분류될 것이다. 예를 들어 광대역과 같이 생산성을 향상시킬 자본 지출은 투자가 될 것이고, 2005년 예산안에서 알래스카의 악명 높은 "어떤 곳으로도 이르지 못하는 다리Bridge to Nowhere" 낭비 사업에 배당된 예산은 소비로 분류될 것이다.

현역 의원 기득권 장벽을 폐지하자

동시에 우리는 경쟁을 되살려서 정치에서의 책임성을 회복하도록 할 필요가 있다. 12년 전, 공화당은 의회 개혁과 윤리적 로비 개혁을 약속하면서 상하 양원을 장악했다. 이제 그들은 심지어 미국인들이 서면으로 미국과의 계약을 갖고 있지만, 거기에 맞춰서 사는데 별로 신경을 쓰지 않는다.

왜냐구? 민주주의리더십회의 에드 킬고어Ed Kilgore가 쓴 것처럼, 그들 대부분에게 자리는 이미 보장되어 있기 때문이다. 즉, 하원의원은 항상 (선거에서) 이긴다. 전국적으로, 하원의원 선거구 재조정congressional redistricting으로, 양극화와 당파성, 현직에 머무르는 현상이 더 힘을 얻게 되었다. 유권자가 거의 비슷하게 양분되는 시대에는 8개 하원의원 선거에서 단지 한 군데에서만 10퍼센트 포인트 이하로 격차가 나타나게 된다. 우리 민주주의는 이 지경이 되고 말았다. 즉, 의원들이 의회를 떠나는 경우는, 재선에 실패해서라기보다는 로비스트가 되려고 의회를 떠날 가능성이 더 높은 것이다.

텍사스와 같은 몇몇 주에서는 선거구를 자기 마음대로 재조정하는 것이 당파적 이득을 위해서 이용되어 왔다. 조지아 주의 최근 하원선거구 재조정 계획안이 기각되었던 이유는, 이 재조정 계획안에 따르자면 운전면허증이 없는 유권자는 신분증을 구입해야 했던 것이다. 이는 바로 짐 크로Jim Crow의 인두세poll tax 시대로 후퇴하는 것을 의미한다. 다른 주에서는, 두 정당이 현직 의원들을 경쟁적인 선거에서 보호하려고 손을 잡았다. 유권자들이 자신들의 정치인을 뽑아 왔었다면, 이제는 정치인이 유권자를 뽑는다. 이제는 이런 현역의원 기득권 보호 활동을 끝낼 때가 되었다. 하원의원 존 태너John Tanner는 모든 주가 현역의원들에 미칠 영향을 염두에 두지 않은 채로, 밀집해 있고 인접한 선거구를 조정할 초당적인 위원을 임명토록 하는 법안을 소개했다. 선거구가 자의적으로 조정된 정치 지도는 실패한 아젠다로부터의 도피처가 될 수는 없다.

독과점은 시장에서처럼 정치에서도 유해하다. 경쟁으로 현역들은 정직하게 된다. 정치인들이 대중들에게 응답할 필요가 없게 되면, 이들은 너무 자주 다른 주인을 섬기게 된다. 스캔들에 휘말린 의원들—랜디 커닝햄Randy Cunningham "공작", 밥 나이Bob Ney, 톰 딜레이Tom DeLay, 빌 제퍼슨Bill Jefferson 같은 의원들—

제9장 재정 책임과 기업복지의 종식

이 거의 항상 자신들의 활동이 한번도 제대로 된 조사를 받지 않을 것이라는 것을 잘 아는 안전한 구역 출신이라는 것은 결코 우연이 아닌 것이다. 우리가 진정한 정치 개혁을 원한다면, 우리는 경쟁을 시스템 내로 끌어들여야 하고, 정치인들이 유권자들에게 변화에 대해 대답하게끔 만들어야 한다.

일당 지배의 대가

유권자들은 워싱턴의 정치인들이 자기 역할을 다 할 것을 기대한다. 1990년대에, 우리는 거의 400,000명의 연방관료들 수준으로 줄였지만, 이번 행정부에서는 관료주의가 다시 꽃피우고 있다. 연방컨설턴트들을 100,000명 수준으로 줄이고, 국방이나 국토안전과 관련된 일을 하지 않는 민간 연방인력을 10퍼센트 줄일 때가 되었다. 탐 빌색 주지사를 비롯한 여러 사람들이 제안하는 것처럼, 의원들은 연방정부의 예산이 다시 균형예산으로 돌아가고, 평범한 미국인들의 수입이 다시 올라가게 될 때까지는 급여 인상을 하지 않도록 맹세해야 한다. 정부로부터 특혜를 원했던 특수 이익을 대변하는 로비스트들은, 워싱턴이 (이들에 대한) 문을 닫았다고 선언함에 따라, 호주머니에 손을 찔러 넣고 있어야 할 것이다. 의회는 특별 프로젝트 지출이 의원들의 지역구로 향하도록 해서는 안 될 뿐만 아니라, 대통령에게 예산에서 낭비 항목들을 무효로 하고, 이를 다시 의회

더 플랜

로 보내 찬반 투표를 하도록 하는 권한―헌법적 개정을 통과할 개별조항 거부권―을 주어야 할 것이다.

마지막으로, 미국은 엄청난 장기 예산 문제에 직면해 있다. 이는 정치문화에서 특수 이해와 특권으로부터 공공의 이해와 공공 목적으로 선회하는 거대한 맘모스적인 전환을 요구할 것이다. 우리가 낡은 정치를 없애고, 우리를 빚에 깊이 허덕이게 할 더러운 부패에서 헤어나지 않는다면, 연방예산에 대한 새로운 아이디어를 낼 수는 없을 것이다.

최근 몇 년간, 공화당 다수는 〈슬레이트Slate〉지 편집장인 제이콥 와이스버그Jacob Weisberg가 "이익집단 보수주의interest-group conservatism"라고 부르는 것으로 되돌아갔다. 모든 세법안은 크리스마스트리의 장식처럼 비싸지만 협애한 이해관계를 대변하는 장신구가 되었다. 지출 법안은 로비가 주도한 예산 배당의 무게로 신음하고 있다. 이미 돈 많은 이해 당사자들의 신세를 진 정당은 그에 상응하는 방식으로 지배하고자 하는 유혹에 저항하기가 힘들 것이다. 이러한 부패의 대가는 너무 널리 퍼져 있어서, 어느 지점에서 윤리가 멈추고 지출이 시작되는지를 말하기조차 힘들게 되었다. 때때로 개인적인 이득을 취하는 거래도 있다. 듀크 커닝햄은 뇌물 수뢰로 8년을 선고받았다. 하지만, 종종 거래가 당파적인 것도 있다. 전 하원 다수당 지도자인 톰 딜레이와 상원 공화당 의원총회 의장인 릭 샌토럼은 정기적으로 로비스트들과 만나, 서로의 이익을 증진시키고자 하였다.

공화당은 냉소적이면서도 의도적으로 사적 이익집단과 제

제9장 재정 책임과 기업복지의 종식

휴를 했다. 그들은 강제적으로 기업들이 공화당 로비스트들을 고용하도록 하고, 또 다른 세금 우대조치를 받고자 한다면, 예산을 다 고갈시키는 대통령의 감세안을 지지하게끔 만들었다. 조지 부시는 정부의 정직성을 회복하겠다고 맹세했지만, 그의 정당은 몇 세대동안 유례없을 정도로 리베이트와 관직 제공을 복원했다. 우연하고 수치스럽게도, 딜레이는 유권자들이 오랫동안 의심해 왔던 것—즉 워싱턴이 무언가 부패해 있다라는 것을 확인시킴으로써 이 나라에 봉사했다. 1870년대의 크레딧 모빌러 스캔들(의원들이 철도회사에 주식을 받는 대가로 정부 지원금을 줌)에서부터, 1970년대의 워터게이트 사건에 이르기까지, 부패는 민주주의가 가장 많이 배울 수 있는 학습의 계기가 되기도 하였다. 워싱턴은 완전히 부패해 온 것은 아니다. 하지만 최근의 일련의 불행한 사건들이—미국 정치의 양극화, 로비 사업의 폭발적인 증가와 일당 정부의 장기 집권—결합되어서, 도금시대 이래로 사적 이해집단들이 국가의 자본을 강력하게 장악하게 되었다. 워싱턴의 법칙은 일당 지배를 견디도록 고안된 것은 아니었다. 워싱턴이 작동하는 방식이 일거에 변하지 않고서는, 보통 사람들의 이해는 기회가 없을 것이다.

 부분적으로 여기에 대한 이유는, 부시가 "워싱턴의 톤을 바꾸겠다"라는 그의 약속을 지키지 않았거나, 적어도 그가 말한 대로 하지 않았기 때문이다. 그 결과, 이 기업도시가 필요로 하는 변화는 이제 훨씬 더 깊어졌다. 평생 동안 공화당원이자, 워터게이트 청문회에서의 그의 곤혹스런 질문으로 닉슨 행정부가 낙마하는데 일조한 하워드 베이커Howard Baker의 초당파성은 당파적 시대에 굴복하게 되었다. 당파적 시대에는 정당의 노선을 먼저 거침없이 내뱉으면서, 질문은 나중에 (내지는 아예 하지도 않는)하는 사람들로 북적북적 한다. 신뢰는 낮고, 걸려 있는 이해관계는 크다. 아무나 챙길 수 있는 2조 달러의 세법과 이익을 보려고 경합하는 매수 산업의 성장으로 위험은 높아지고 있다.

정부의 3권을 장악하는 것만도 충분하지 않은 듯이, 공화당은 똑 같은 힘을 가진 다른 것을 만들어냈다. 바로 K 스트리트이다.[19] 오늘날의 워싱턴에서, 제4부는 더 이상 언론이 아니다. 바로 로비스트이다. 미국의 창시자들은 3권 분립이 견제와 균형checks and balance를 줄 것이라고 생각했다. 제4의 권력기관은 훨씬 더 효율적이다. 이것은 단지 수표checks만 제공해 준다.

돌고 도는 늪

10여 년 동안, 톰 딜레이는 K 스트리트 프로젝트K Street Project를 지휘해서, 로비회사와 무역협회 및 회사들에 압력을 가해 공화당 사람만 고용하도록 했다. 선거기부금과 (입법화할) 법률 문구를 쓰고, 평생 고용을 보장하며, 여행을 주선하고, 캐디

---

[19] 워싱턴의 이익집단이 많이 몰려있는 거리. -역자 주

제9장 재정 책임과 기업복지의 종식

와 스포츠용품을 제공하는 등등을 하면서, 딜레이는 K 스트리트가 의회의 뒷방이 되도록 하는 데 일조했다.

로비 자체가 본래부터 잘못된 것은 아니다. 대의제 민주주의에서, 기업과 집단, 개인은 자신들의 이익을 대변할 사람을 고용할 권리가 있다. 모든 로비스트들은 정부가 충분한 정보를 가지고 결정을 내리는데 도움을 줌으로써, 지속적으로 서비스를 제공하는 것이다. 그리고 때때로 이것은 사실이기도 하다. 하지만, 현실을 직시해 보자. 로비스트들이 먹고 사는 법은 최근의 골드 러시 이전에 쓰여졌다. 〈워싱턴 포스트〉의 제프리 비른봄Jefferey Birnbaum에 따르면, 로비 회사들이 최고 고액의 수수료를 새 고객에게 청구하는 비용이 증가된 것처럼 등록된 로비스트들의 수도 지난 5년간 두 배나 늘었다.

딜레이가 가장 좋아하는 로비스트인 잭 아브라모프Jack Abramoff는 낡은 규칙이 새로운 금권시대에 왜 안 맞는지를 상징하는 심벌이다. 보수적인 경제학자나 성직자가 썼을 법한 비유가 하나 있다. 죄의 대가는 죽음이지만, 연말 보너스의 유혹을 놓치고 싶지는 않을 것이다.

우리는 정치 시스템을 개혁해서, 워싱턴이 공공의 이익을 보호할 명확한 규칙에 따라 살아가도록 해야 할 필요가 있다. 그리고 회전문을 폐쇄하는 것부터 시작할 수 있다. 공공신뢰센터Center for Public Integrity에 따르면, 240명 이상의 전직 의원과 기관 수뇌부들이 로비스트로 활동하고 있고, 이는 10년 전보다도 두 배로 늘어난 수치이다.

의원에서 로비스트로 전환한 K 스트리트의 임원회의가 하원에 있는 각 당의 간부회의 규모와 경합하게 된다면 뭔가가 톡톡히 잘못된 것이다. 워싱턴이 개혁에 대해서 심각하게 생각한다면 영원히 회전문을 닫고, 의원들과 고위 참모 및 고위 정부 관리들에게 5년간 로비직에 참여하는 것을 금지하도록 해야 한다.

로비는 일자리 창출 프로그램이어서는 안 된다. 1993년 톰 폴리Tom Foley 하원의장은 클린튼에게 선거 자금과 로비 개혁을 추진하지 말라고 경고했다. "의원들은 (클린튼이) 일거에 자신들의 현재의 밥줄과 미래의 밥줄까지 뺏으려 한다고 생각할 것이다." 쓰라리지만 교훈적인 아이러니가 여기 있다. 1994년 선거 이전에 개혁을 끌어내지 못한 것이, 폴리와 기록적인 수의 그의 동료 의원들이 임기가 끝나면서, 다음 직업으로 이 일을 찾는 이유 중의 하나이다.

동시에, 우리는 공무원들이 돈을 쫓아서 자신들이 해야 할 일을 하지 않는 것을 중지하도록 해야 한다. 지난 번 캠페인에서 양 측은 1억 달러 이상을 썼다. 의원들과 로비스트들은 워싱턴에서 기금모금을 하느라고 인생의 대부분을 보냈고, 대부분은 미국 국민들을 위해서 해야 할 일을 하지 못하느라고 이 일을 싫어했다. 우리는 대통령 후보자들을 대상으로 한 무료 광고시간이 공중파 방송과 인터넷에서 이용할 수 있도록 함으로써, 정치토론의 수준을 올려야 한다. 그래야 미국인들이 충분한 정보를 갖고 선택을 할 수 있는 것이다.

제9장 재정 책임과 기업복지의 종식

정치꾼 몰아내기

정부를 더 좋게 만들려면 정부에서 정치꾼을 몰아내야 한다. 우리가 겪어 봤지만, 직업적 연방공무원들은 서둘러 정부 돈을 탕진하지는 않는다. 정치꾼들이 그렇다. 보건복지부에서 거의 해고될 뻔한 직업적 회계사인 리차드 포스터Richard Foster는 부시의 노인의료보험안이 행정부가 의회에 보고한 것보다 수백억 달러나 더 든다는 걸 숨기려고 한 사람은 아니었다. 부시가 정치적으로 임명한 사람이 그랬다.

의회예산위원회는 돈을 펑펑 써대는 정치꾼을 없앰으로써 절약할 수 있는 금액을 추정하지도 않았지만, 명백하게 상당한 액수가 나올 것이다. 오늘날, 연방정부에서 일하는 인력 중에는 대략 3,000명 정도가 정치적으로 임명된 사람들이 포함되어 있다. 이 수를 거의 반으로 줄이게 되면 10년간 인건비로 거의 2억 달러나 절약할 수 있을 것이다. 그리고 보다 중요하게는, 이렇게 하면 정치적 이득을 위해서 지출을 늘리라고 명령할 수 있는 지위에 있는 관리들이 줄어들 것이다. 시간이 흐르면서, 이는 특별한 대우를 바라고 이전 동료들에게 로비할 전직 관리들의 수를 줄임으로써 다른 예기치 못한 성과를 가져 올 수 있을 것이다. 가장 중요하게는, 정치꾼의 수를 반으로 줄임으로써, 이 나라에 오래 지속되고 비용이 많이 드는 해악을 끼칠 위치에 있는 이데올로그와 무능력자의 수를 줄일 수 있을 것이다.

중동에서는 민주주의를 위해 헌신하면서도 미국 동부에서는 민주주의가 패배한다는 것은 슬프고도 아이러니하다. 하지만 이 유감스러운 이야기가 해피 엔딩으로 끝나기에 너무 늦지는 않았다. 진보 운동의 역사에서 가장 큰 몇몇 발걸음은—세기 전환기와 1930년대에—공공광장에서 개인적인 음모에 대한 대중들의 분노로 가열되었다. 우리가 개혁을 끌어안을 용기가 있다면, 심지어 그것이 쓰라리더라도 우리는 이러한 스캔들을 기소하는 것 이상을 할 것이다. 우리는 이들이 번식하는 늪의 물을 뺄 것이다.

그리고 정치가 가장 활개치고, 돈이 가장 낭비되었던 곳—세법—을 청소함으로써, 경제가 더 튼튼해지고, 정부가 더 효율적이 되도록 할 수 있을 것이다.

제 10 장
서민을 돕는 세제개혁

우리가 이미 최상층에게 세금공제 혜택을 주지 않았나?
- 부시대통령이 2002년 부자들에게 어쨌든 더 많은 공제혜택을 제안하기 전 참모들에게 한 질문

우리의 가치에 맞게 세법을 되돌려 놓을 때이다. 점증하는 경쟁사회에서 사회 계약을 갱신하고자 한다면, 우리의 세제 시스템은 미국인들에게 더 이상 부담이 아니라, 더 많은 기회와 안전을 보장하도록 해야 한다. 중산층에 대한 세금은 제한하고, 아직 경제력을 갖추지 못한 사람들이 경제력을 갖추도록 하는 기회를 주며, 모든 미국인들이 중산층 생활의 기둥―가족을 이루고, 집을 사며, 대학 등록금을 마련하며, 은퇴에 대비해 저축을 하는 생활―을 확보하도록 돕는 식의 세제개혁이 필요하다. 과거 30년 간, 워싱턴에서의 경제 논쟁은 세금이라는 한 단어 주위를 맴돌았다. 이제 세금에 관한 건강한 논쟁에 문제가 있어 보이지는 않는다. 인간이 군대와 정부를 가지는 한, 우리는 얼마나 잘, (그리고 얼마나) 군대와 정부를 위해 돈을 내야 하는지에 대해 논의해 왔다. 미국혁명은 부분적으로는 우리의

선조들이 영국 왕실의 인지세에 통렬히 분개했기 때문에 일어난 것이다.

하지만 미국 역사의 상당 부분에서, 과세는 경제 논쟁의 언저리에 있었지, 핵심에 있었던 것은 아니었다. 확실히 모든 새로운 세금과 조세 대체 내지 조세 증가는 경제적 파멸을 예고하는 것을 촉발했다. 씨어도어 루즈벨트는 누진세와 상속세 운동을 펼쳤다. 루즈벨트가 오늘날에도 그 입장을 취했더라면, 그는 공화당에서 쫓겨났을 것이다.

과거 30년간 경제 논쟁에서 세금문제가 얼마나 많이 차지했느냐에 관해 가장 두드러진 점은 경제 때문에 세금 논쟁을 벌인 것이 아니라는 데 있다. 세금 논쟁이 정말로 경제 성장에 관한 논쟁이었다면, 경제가 바뀜에 따라서 세금 논쟁도 바뀌어야 하는 것이다. 하지만 워싱턴에서 세금 논쟁은 한번도 바뀐 적이 없었다. 1980년, 미국이 찌를 듯이 높은 인플레이션과 이자율로 허덕이고 있을 때, 공화당은 부자들을 위한 세금을 낮출 것을 제안했다. 1996년과 2000년, 경제가 상승하고 역사상 그 어느 때보다도 백만장자가 많이 나오고 있을 때, 공화당의 대답은 부자들을 위한 세금을 낮추자는 것이었다. 2004년, 부자들은 여전히 잘 나가고 있지만, 보통 사람들은 지난 4년간 임금 인하를 겪었을 때에도, 공화당은 부자들을 위한 감세를 제안했다.

경제적 상황이 부시 대통령의 첫 임기동안 바뀔 때마다, 부시 대통령은 마찬가지로 감세안에 대한 논리를 바꾸었지, 한번도 정책을 바꾸지는 않았다. 2000년 경제가 호황을 누렸을 때,

제10장 서민을 돕는 세제개혁

부시는 예산 흑자를 없애고자 감세를 제안했고,―미국으로서는 불행하게도―그의 가장 무모한 꿈 이상으로 성공했다. 일년 후, 경기가 후퇴할 때에도 그는 경기를 자극하기 위해 똑같은 감세안을 제안했다. 9.11공격으로 향후 몇 년간이 (어떻게 될지) 분명해지자, 미국은 테러와의 전쟁에 엄청난 돈을 쏟아 부었고, 부시는 정상으로 돌아가는 것으로 더 많은 감세를 제안했다. 2003년 이라크와의 전쟁을 감행하고, 국내적으로 기록적인 재정 적자를 보면서, 부시는 여전히 부자들의 경제력 부담을 경감하기 위해 또 한번의 감세를 제시했다.

공화당이 세금에 대해 말할 때 실제 경제와 유사한 점이 있다면, 그것은 우연적이고 의도적이지 않다 라는 것이다. 그것은 감세에 대한 공화당의 경우가 신학적인 주장이지, 경제적인 주장은 아니기 때문이다. 보수주의자들은 "공급 측면의 이론"이 경제적으로 창조론에 상응하는 것이기 때문에, 세금을 신학적 논쟁으로 만들어야 했던 것이다. 이들은 교실에서 이를 가르치는데 필요한 근거도 없다. 아마도 지난 사반세기 동안 보수주의 운동에서 가장 큰 정치적 쿠데타는 부자들을 위한 세금 감면이 어떠한 경제 이론에도 맞지 않는다는 말을 없앤 것이다.

야수 키우기

최근 몇 년간 민주당은 너무 자주 의도하지 않게, 공급 측면의 주장을 뒤집어서, 부시의 감세안을 되돌리는 것이 그 자체로 경제적 성장을 위한 계획이라고 주장함으로써, 보수주의자들의 논리를 도왔다. 영구적으로 부자들을 위한 감세가 시행되는 것을 막는 것은, 재정 규율을 회복하는 것이 국가의 장기적인 경제적 건강에 필수적이기 때문에 탁월한 생각이다. 하지만, 재정 규율은 세법에서의 누진성을 회복하는 것 이상에 대한 것이고, 경제 성장은 재정 규율 그 이상에 대한 것이다. 우리가 단지 공화당의 감세안을 되돌리기만 하면, 경제가 다시 도약할 것이라는 인상을 남겨 놓는다면, 우리의 주장도 공화당의 주장보다는 좀 더 진실에 가깝지만, 완전히 효과적인 경제이론과는 현격한 차이가 난다.

이 와중에 부시 행정부는 감세안에 대한 논거 중에서 경제와 거의 관련이 없는 것을 생략해 버렸는데, 그 주장은 감세정책이 정부의 규모를 제한하는 데 일조할 것이라는 것이었다. 감세안이 정말로 작은 정부로 나아간다면, 공화당은 아마도 근거를 제시할 수 있었을 것이다. 하지만 공급 중시적인 공화당은 한번도 정부를 제한하는데 진지해 본 적이 없었다. 세율을 낮춰서 높은 세수를 보장한다는 래퍼곡선은, 서던 캘리포니아 대학의 경제학자 아더 래퍼Arthur Laffer가 냅킨 뒤에 그려서 감세에 관해 보수주의자들에게 팔았던 것인데, 이는 어려운 선택을 회피하고자 만들어졌다. 보수주의자들의 레토릭에도 불구하고, 레이건은 한번도 의회에 지출을 제한하라고 압력을 가하지 않았고, 부시도 마찬가지였다. 사실 부시는 반정부적이지 않을

제10장 서민을 돕는 세계개혁

것이라고 공약해서 백악관에 입성하게 된 것이다. 이것은 적어도, 그가 아직 지키고 있는 하나의 공약이다. 이제 공화당은 미래에 투자하게 될 때를 빼고는 작은 정부를 주장하는 것 가지고 고민하지도 않는다.

대신에, 그들은 체계적으로 현재의 정부지출을 늘리는 동시에 세금을 줄였다. 그 결과, 공화당은 진짜로 세금을 줄이는 것이 아니라, 단지 세금을 연기하는 것이었다. 이는 이후에 우리가 이자와 함께 물어야 할 돈을 빌리는 것이고, 그래서 공화당이 지금 표를 사려고 시도할 수 있는 것이다. 공화당은 이제 더 큰 정부를 약속하고 있다. 그리고 이들은 더 많은 빚을 지고서 돈을 충당하고자 한다.

경제 성장에 대한 진실 은폐에도 불구하고, 세금 논쟁은 정말로는 가치에 대한 논쟁인 것이다. 공화당은 경제력보다는 일하는 사람에게 모든 부담을 지우는 세법을 원한다. 민주당은 일하는 사람에게 보상을 주고, 가장 많은 혜택을 받은 사람—번영하는 사회로부터 많이 이득을 취할 사람—에게 가장 많이 요구하는 누진적인 세법을 원하는 것이다.

공화당의 노동과의 전쟁

물론 워싱턴에서 한 정당만 권력을 쥐고 있다면, 세금 논쟁이 그렇게 논쟁이 되지는 못한다. 민주당이 용기를 내서, 왜

이 대통령은 처음으로 전시에 세금을 감면하는 대통령이 되려고 하는지 물으면, 공화당은 우리를 계급 전쟁을 부추긴다고 비난한다. 우리가 한 것이라곤, 부시가 2002년에 사적으로 참모들에게 제기했던 우려를 공적으로 제기한 것일 뿐이다. 부시가 부자들에게 더 많은 돈을 주는 것에 한번은 양심의 가책이라도 가졌을지 모르지만, 그는 이제 여기서 벗어난 것으로 보인다. 억만 장자 워렌 버핏이 말한 것처럼, "만약 계급 전쟁이 미국에서 벌어지고 있다면, 내가 속한 계급이 확실히 이기고 있는 중이다." 부시의 계급 전쟁에서 중산층은 패배했다.

비록 공급 주도적인 이론이 레이건 시대에 이미 충분히 실패했다 하더라도, 그것은 글로벌 시대에 최악으로 실패한 이론임이 드러났다. 세금 감면은 노동에 대한 보상보다도, 자본에 대한 보상을 늘렸다. 글로벌 시장이 똑같은 일을 했던 바로 그 순간에 말이다.

근로세는 중산층과 가난한 미국인들이 지불해야 하는 세금으로 이루어졌다. 법인세는 50년 전에는 연방 세수의 30퍼센트에 이르렀는데, 지금은 단지 10퍼센트에 지나지 않는다. 부시 행정부는 부자에 대해서는 상상할 수 있는 모든 세금을 다 깎으면서, 이를 일하는 사람들한테로 전이함으로써, 불균형을 쌓아올렸다.

중산층의 가슴은 수년간 임금 상승을 보지 못했지만, 세금 부담의 몫을 더 닳이 물려받고 있다. 전문가 층은—의사와 변호사, CEO들은—수입이 올라가고, 경제력이 훨씬 더 빠른 속도로

제10장 서민을 돕는 세계개혁

올라감에 따라서 세금이 떨어지는 것을 보았다. 부시가 투자층에 대해 말했음에도 불구하고, 배당금에 대한 세금 감면과 자본 이익률은 이 나라의 한 줌의 사람들에게 혜택이 돌아간다는 걸 의미했다. 〈뉴욕 타임즈〉가 조사한 바에 따르면, 2003년 투자세 감면으로 175,000명의 백만장자들이―납세자 1퍼센트 중 약 10분의 1이다―각각 평균 41,400달러를 절약했다. 50,000달러 이하의 소득을 올리는 가구에서는 평균적으로 각자 10달러를 절약했을 뿐이다. 이것이 바로 공화당이 생각하는 진보인 것이다. 수입이 20배나 되는 백만장자들이 4,000배나 되는 소득을 걷어 들인 것이다.

시작부터 악화되고 있었던 경제력과 수입 격차가 설사 더 악화되고 있지 않다고 가정한다 하더라도, 공화당의 노동과의 전쟁은 미국의 가치에 대한 도덕적 모욕이다. 버핏이 지적한 것처럼, 주식을 무수히 매매하는 억만 장자가 자기 비서보다도 세율이 낮다면 뭔가가 잘못된 것이다. 미국은 근로자의 땅이지, 상속인의 땅이 아닌 것이다. 누구라도 확고한 의지와 신이 주신 재능을 갖고 있는 한 저 멀리 상승할 수 있다는 생각은 우리 경제와 사회의 도덕적 토대인 것이다. 지난 몇 년간의 비극이라면, 글로벌 경제로 이미 많은 미국인들이 이러한 약속에 대한 신념을 상실하게 되는 한편, 자신들의 대통령은 이해관계를 밀어붙이고자 자신의 권력 내에서 할 수 있는 일은 다 했다는 데 있다.

일하는 사람보다 부유한 사람에게 특혜를 베푸는 것을 통해 미국의 가치로부터 일탈한 것으로도 모자라서, 부시 행정부와 의회 내 공화당은 세법의 모든 측면을 경매에 내놓았다. 마지막 몇 년간은 워싱턴에 있는 로비스트들에게는 의회 내 세법 위원회는 가장 돈 되는 광맥이 있는 골드러시와 같았다. 로비 활동에 대한 대가는 경제력에 대한 보상보다 훨씬 더 빨리 늘어났다. 2004년 의회는 WTO협정 이행문제에 관해 연간 5억 달러나 소요되는 것을 고치는 세법안을 통과시켜야 했다. 공화당이 법안을 끝냈을 때, 이 법안으로 납세자들은 5년간 137억 달러를 더 내야 하고, WTO는 그래도 우리가 여전히 협정 이행상의 문제가 있다고 결론 내렸다.

  미국 기업들은 시장을 왜곡하고, 주가를 조작하며, 건강한 경쟁을 피하게 하는 특별 세금 우대조치를 쫓느라고 시간과 돈을 써댄다. 의원들은 보통 사람들을 위한 세법을 만들어야 할 때도, 기부자들을 유혹하기 위한 은밀한 계획 하에 시간을 보내고 선거자금을 받는다. 이것이 부시 시대의 여러 아이러니 중에서도 가장 큰 것이다. 세법은 이제 더 이상 경제 성장을 이루고자 시도조차 하지 않는다. 이는 단지 영향력 있는 사람들을 편들고, 그 결과 성장은 방해받는다.

코드 레드

  경제력이 있거나, 로비스트를 고용할 수 있는 사람들은 특별

제10장 서민을 돕는 세제개혁

세금 우대 조치를 받는다. 그러면 미국인들은 무엇을 얻게 되는가? 세법─복잡하기 짝이 없고, 부담스럽게 자신들의 가치와 전혀 맞지 않는 세법을 갖게 되는 것이다. 생각해 보자. 세법은 현재 140만 단어와 10,000개의 항목에 이른다. 작년에만도 10,000페이지가 추가되었다. 보통사람들이 세금 신고 과정을 마치려면, 36시간이 걸린다. 세금을 신고하는 사람들의 반 이상이 세무사를 이용한다. 근로소득 보전세를 신고하고자 하는 사람들 중 자그마치 70퍼센트가 세무사를 고용해야 한다. 어쨌든 세법은 빠져 나갈 구멍과 함께 너무 알쏭달쏭하게 되어 있어서, IRS에 따르면 연간 345억 달러에 이르는 세금이 세금 회피와 세금을 적게 내는 것 때문에 징수되지 못한다고 한다. 이러한 세금 갭만 해도 연방예산의 균형을 맞추는데 거의 충분할 것이다.

공화당의 도움으로, 특수층들은 보조금과 빠져나갈 구멍을 얻었던 반면, 중산층 가정은 엄청난 세금부담과 알기 힘든 세금 신고 서식을 피할 수 없게 되었다. 마지막으로 주요한 세제개혁을 한 이래로 20년 만에, 세법은 영향력 있는 산업의 호황을 계속 유지하기 위해 허점투성이와 비호 및 단계적 폐지 등으로 얼룩졌다. 그 결과, 현재의 시스템으로는 세금 회피와 같은 나쁜 행위를 하면 이득이 되고, 매일매일 일하러 가고 옳은 일을 하는 사람들은 손해를 보는 것이 되어 버렸다.

워싱턴의 늪은 다른 무엇보다도 한 가지─세법의 맹점─만 먹여 살린다. 심지어 이 맹점 때문에 작성하는 시간의 낭비마저도 있다. 법률적인 경비는 세금 공제가 되지만, 로비하는 데 쓰여진 비용은 공제가 되지 않는다. 그래서 K 스트리트의 잡종—변호사 출신의 로비스트—을 고용하는 이유가 거기에 있는 것이다. 로비 지출을 적게 보고하고, 대신에 이 시간을 법률 업무를 본 것으로 청구를 함으로써, 회사는 고객의 돈을 줄일 수 있거나, 더 많이 비용을 청구하기도 한다. 특권의 원천과 그를 둘러싼 문화를 없앤다면, 이것은 살아남기가 힘들 것이다.

우리의 청사진은 람Rahm과 오레곤 주의 상원의원 론 와이든 Ron Wyden이 발의한 와이든—이매뉴엘 세제개혁안Wyden-Emanuel tax reform으로 시작한다. 이 개혁안은 납세자 층을 반으로—6단계에서 3단계로 줄이고, 기업의 세율을 35퍼센트 단일세로 묶어 놓음으로써, 수십 가지의 허점을 막고, 대체 최저한세Alternative Minimum Tax를 없애고, 기업복지를 줄임으로써, 5년간 연방 적자를 100억 달러 줄이는 것을 포함한다.

우리의 개혁안 하에서, 납세자들은 간단한 한 페이지짜리 1040 서식만 완비하면 될 것이다. 우리는 미국인들이 4월을 리틀 야구장이나, 종교 생활 혹은 야외 활동을 즐기면서 보냈으면 하지, 세금신고서를 작성하느라 33시간을 시간 낭비하지 않았으면 한다.

우리의 제안에는 4개의 "초유인책superincentives"이 포함되어 있다. 이는 진보정책연구소Progressive Policy Institute의 폴 와인슈타인 Paul Weinstein의 연구에 기반한 것으로, 중산층들이 21세기 경제의 다음과 같은 도전에 잘 대응하도록 돕고자 한 것이다.

대학

대학 세금 크레딧은 기존의 다섯 가지 주요한 교육세 유인책—호프 장학금, 평생 교육 크레딧, 고등 교육 지출 공제, 고용인이 받은 교육 관련 혜택 배제와 등록금 공제 배제—를 간단히 연간 3,000달러의 크레딧으로 대체할 것이다. 이 크레딧은 완전히 상환가능하고, 대학 4년과 대학원 2년간 이용될 수 있는 것이다. 이것으로 600만 명의 학생들이 도움을 받을 것이고, 공립대학의 평균 등록금의 반 이상에 해당되기에 모든 미국인을 대학에 보내자는 우리의 21세기 목표를 달성하는데 기여할 것이다.

주택

유니버설 모기지 공제는 요령을 부려 공제혜택을 받는 이들 뿐만 아니라 모든 주택 소유자들에게 혜택을 줄 것이다. 오늘날 단지 28퍼센트의 납세자와 반 정도의 주택 소유자만이 공제를 세목별로 나눈다. 폴 와인슈타인이 본대로, 수입이 50,000달러 이하의 가구 중 5분의 1만이 주택 소유 공제를 받는다. 이러한 불일치는 또 다른 문제를 낳는다. 기록적으로 주택 소유자가 늘어난 나라에서, 소수계들의 주택소유비율은 20퍼센트나 낮다. 소득세 신고항목 세금공제를 기록하지 않는 이들에게도 모기지 이자 공제를 가능하게 함으로써 주택소유를 늘리고, 복잡한 1040 세금 서식을 작성해야 하는 가구의 수를 줄이도록 해야 한다. 우리가 집이 두세 채 있는 사람들에게 보조금을 주고자 한다면, 최소한 우리는 집을 하나 사고자 하는 젊은 커플은 도와야 할 것이다.

가정

간이가족공제는 근로소득 보전세제와 자녀소득공제, 피부양자 공제를 자녀가 있는 근로 가정을 위한 하나의 크레딧으로 통합함으로써, 일하는 사람들에게는 보상을 주면서, 의존성을 없애 나갈 것이다. 그러면서, 이 모든 것을 합한 것보다도 더 많은 가정에 더 많은 혜택이 돌아가게 할 것이다. 동시에, 이것은 200페이지의 세법―바로 도움이 가장 필요로 하는 사람들을 가장 어렵게 하는 관료적 형식주의―을 없앨 것이다. 시카고에 있는 한 병원에서, 칼의 세금 도우미 프로그램은 전문가 자원봉사자들을 끌어들여서, 사람들이 다음과 같은 지시사항을 가지고 씨름하는 것을 도왔다. "과거 활동으로부터 얻은 순 수입의 합계를 넣으시오.(Schedule E, 26,29(a)항, 34a항, 40항 포함. (11과 12줄에 대해서는 아래 지시 사항 참조)" 현재 IRS에서는 1040서식에서는

제10장 서민을 돕는 세제개혁

몇 줄밖에 안 되는 것에 대해 54페이지짜리 근로소득 보전 세제 지침서를 각 가정에 주고 있다. 대신에 이들은 한 페이지짜리 서식만 받을 것이다. 우리의 목표는 일하는 사람들에게 보상을 주는 것이지, 관료주의 속에서 고통을 겪도록 하는 것은 아니다. IRS는 바로 그 반대로 한다. IRS 납세자 보호관IRS Taxpayer Advocate인 니나 올슨Nina Olson에 따르면, 과거 5년간 부당하다거나 회수불능으로 표시된 세금 반환에 대한 160만 건의 요청 중 적어도 75퍼센트가 근로소득 보전세제 신청자들로부터 나온 것이다. 대다수의 아무런 잘못도 하지 않은 사람들에게서 말이다. 우리의 견지에서는, 중산층에 진입하려고 장시간 일하는 미국인들은 사기꾼으로서가 아니라 영웅으로 대접받아야 한다.

은퇴

전국민 연금은 현재 우후죽순처럼 나온 16개의 기존의 IRA 타입의 계정을 모든 근로자들을 위한 단 하나의 은퇴 계정으로 대체할 것이다. 이 계정은 기존의 고용주 부담의 401(k)를 보완하고, 중산층 근로자들을 대상으로 하는 인센티브를 강화함으로써 저축 윤리를 만드는데 일조할 것이다. 과거 30년간, 의회에서는 16개의 각각 다른 저축 안―대략적으로 말해서 한 의회당 하나씩―을 만들었다. 같은 기간, 미국의 저축률은 10퍼센트에서 마이너스로 곤두박질쳤다. 이제 간단명료한 접근법으로 문제를 해결해야 할 때이다.

이 네 가지 인센티브의 목적은 미국인들 모두에게 저축하고, 투자해서 경제력을 쌓아가도록 하는 간단한 방법을 제시하려는데 있다. 많은 납세자들은 근로소득 보전 세제와 같은 현재의 안들을 사용하지 않는다. 현재의 방안들은 이용할 만한 가치가 있는 것이라기보다는 형식적인 관료주의의 상징과 같은 것이다. 분명히 말하건대, 부자들은 결코 자본 소득에 대한 세금 우대 조치 기회를 놓치지 않는다. 평범한 미국인이 더 나아지기 위해 회계사를 고용해야 할 필요는 없어야 한다.

공화당과 세금

과거 30년 간 미국 정치에 대한 논쟁은 대체로 공화당의 농간으로 형성되었다. 즉, 민주당이 세금을 올릴 것이라고 평범한 미국인들이 생각하도록 겁주는 것이다. 이러한 개념이 갖고 있는 문제는 그게 단순히 사실이 아니라는데 있다. 역사상 중산층의 세금이 가장 많이 올랐을 때 중의 하나는—1983년 근로소득세 인상—로널드 레이건이 서명을 해서 입법화가 되었던 것이다. "내 입을 봐라. 새로 세금을 늘리지는 않는다"라고 말해 놓고는 1990년 세금을 올림으로써 대통령직을 건 사람은 아버지 조지 부시였고, 그는 공화당이었다. 빌 클린튼은 부자들에 대한 최고 세율을 39.6퍼센트로 올렸고, 캠페인 때 말한 대로, 극적으로 근로소득 보전세를 확대했다. 그가 인상한 유일한 간접세는—이것은 근로소득보전세 확대와 자녀 소득공제를 두 배로 하는 것처럼 이후 중산층의 세금 감면에 의해 충분히 상쇄되었다—유류 초과세에서 1갤런 당 4.3센트를 인상한 것이었다.(유가가 5센트만 올라가면, 부시의 백악관은 꽤 좋은 한 주가 되었다고 여긴다.) 최근의 민주당 지명자인 앨 고어와 존 케리는 중산층의 세금 감면을 주장했다. 한 대통령 선거 논쟁에서, 존 케리는 똑바로 카메라를 향해 서서는 모든 미국인들이 듣도록, 또박또박 말했다. "나는 세금을 인상하지는 않을 것입니다." 매일 매일, 부시 캠페인 팀에서는 케리가 어쨌든 중산층의 세금을 올리려고 한다고 비난을 퍼부었다.

테디 루즈벨트가 20세기 초 누진적인 세법을 지지했을 때, 계급 전쟁을 일으키려고 한 것은 아니었다. 누진세는 민주당의 아이디어는 아니다. 그것은 미국적인 아이디어이다. 그리고 미국인들은 누진세 없이는 전국적인 소득세를 용인하지는 않을 것이다.

역설적으로, 장기간 공화당의 세금 신화로 인해 가장 큰 피해를 입은 계층은 바로 공화당이 그들을 위해 일한다고 공언하는 중산층이다. 민주당은 한번도 고려조차 않았는데도 지어낸 세금 인상 스토리로부터 중산층을 보호한다라는 미명하에, 부시 행정부는 부자들을 위한 엄청난 규모의 감세를 감행했고, 이는 축 늘어진 중산층의 어깨에 그 어느 때 보다도 더 큰 부담을 지워놓았다. 〈뉴욕 타임즈〉가 추산한 바에 따르면, 부시의 감세안 때문에, 가장 소득이 높은 400명의 납세자들이 현재는 50,000달러에서 75,000달러 정도의 수입이 있는 사람들과 사실상 거의 같은 퍼센티지로 소득세와 노인의료보험, 사회보장세를 낸다는 것이다. 2001년, 공정하지는 않지만 정치적으로 강력한 공화당의 공격 위협으로 공화당이 장악한 주 출신의 민주당 의원들이 겁을 먹고는 잘못 공화당의 감세안을 지지하게 되었다. 이들은 공화당이 자신들이 결코 하지도 않을 일로—중산층에 대한 세금 인상—비난을 퍼붓는 것을 막기 위해서는 부자들을 위한 감세안에 찬성표를 던져야 한다고 느꼈던 것이다.

10퍼센트 해결책 : 중산층 단일세율

이제 더 분명하게 민주당은 중산층에 대한 세금을 깎으려고 하지, 세금을 올리려고 하지 않는다는 점을 보여야 할 때이다. 먼저, 우리가 중산층의 세금을 올리려는 게 아니라 내리려고 한다는 점을 중산층에게 보이기 위해서, 우리는 공화당이 거부한 제안을 제시하고자 한다. 우리는 이를 10퍼센트 해결책이라고 부른다.

이 안이 어떻게 작동하는지 보도록 하자. 우리가 이미 지적한 대로, 현재의 세금체계는 평범한 납세자에 불리하게 되어있다. 세금 우대조치는 이것이 거의 필요 없는 사람들에게 돌아

제10장 서민을 돕는 세제개혁

가고 있는 반면, 규칙을 따르는 사람들은 속고 있는 것이다. 세법과 관련하여 대부분의 미국인들을 괴롭게 만드는 것은, 세법이 대단히 복잡다단할 뿐만 아니라, 게임이 부정으로 얼룩져 있다는 것이다. 이들이 옳다. 미국에서 가장 부유한 사람들의 세금 층위와 이들이 실제로 내는 결과적인 세율 간의 차이를 다시 한번 봐라. 이론적으로, 천만 달러 이상의 소득이 있는 납세자들은 35퍼센트의 세금 층위에 있다. 하지만 이미 언급했던 〈뉴욕 타임즈〉의 조사에 따르면, 2003년 이들이 실제로 낸 세율은—부시로부터 평균적으로 100만 달러이상의 감세 덕분에—22퍼센트에 지나지 않았다. 즉, 층위는 더 이상 진짜로 얼마를 내는지를 나타내지는 않는 것이다. 부자들이 정말로 얼마를 내느냐 하는 것은 사회가 이들에게 납부하라고 한 고율의 세금과는 아무런 관계가 없는 것이다.

민주당이 누진세를 회복하고 이러한 허점을 막고자 했을 때, 공화당은 부자들에게 자기가 내야 할 몫을 내라고 하는 것을 중산층에 대한 세금 인상인 것처럼 묘사하면서 모든 시도를 다 차단했다. 10퍼센트 해결책은 이러한 신화를 영구적으로 묻고자 만들어졌다. 우리의 제안으로 의회 내 민주당과 공화당은 중산층의 세금을 제한함으로써, 이런 엉터리 논쟁을 끝내는 데 동의할 것이다. 이 중산층 단일세율의 기저에 깔려 있는 원칙은 간단하지만 공정한 것이다. 100,000달러 이하의 소득이 있는 중산층 가정은 실제로 10퍼센트 이상의 소득세를 낼 필요가 없다는 것이다. 세금을 계산한 후, 납부해야 할 금액이 소득의 10퍼센트 이상이라면, 이들은 10퍼센트 이상에 대해서는 한 푼도 낼 필요가 없다. 내야 할 금액이 10퍼센트 이하라면 적은 쪽만 내면 될 것이다.

다른 말로 하자면, 10퍼센트 해결책은 대체 최저한세 alternative minimum tax와는 반대다. 대체 최저한세는 가장 부유한 사람들이 할 수 있는 한 많이 납세하도록 고안된 것이다. 10퍼센트 해결책은 중산층 가정은 내야 하는 것 이상으로 내지 않아도 되는 것을 보장하는 것이다.

공화당이 중산층을 위한 실제적인 세율을 어떻게 낮게 제한하고자 하는 것에 대해 논쟁을 하고자 한다면, 우리는 기꺼이 (논쟁에) 가담하고자 한다. 우리가 부자가 아니라, 보통 사람들의 세금을 깎는 한, 유일한 한계는 이 나라가 무엇을 부담할 수 있느냐 하는 것이다. 하지만 공화당이 우리와 함께 이 성전에 가담할 것인지는 의심스럽다. 왜냐하면, 중산층의 세금을 내리는 것이 그들의 의도는 결코 아니었기 때문이다. 그들의 목표는 정확히 그 반대다. 중산층이 내지 않는 모든 세금을 내리는 것.

중산층에 대한 자본소득세를 없애자

두 번째로, 21세기 경제는 경제력과 노동에 가치를 두는 세법을 요구한다. 평범한 미국인이 경쟁사회에서 나아가도록 돕기 위해, 우리는 중산층과 중산층에 진입하고자 하는 사람들에 대한 자본소득세를 없애야 한다.

부시의 감세안은 이미 돈줄을 쥔 사람들의 경제력을 늘리는 데 한 몫을 썼다. 이것은 미친 짓이다. 우리는 바로 딱 그 반대로 해야 한다. 즉, 부유하지 않은 사람들이 부유해지도록 도와야 한다. 우리의 계획으로 중산층은 장기적으로 세금이 면제된 채 투자할 수 있게 될 것이다.

한 진보적 씽크 탱크인 예산및정책우선센터Center on Budget and Policy Priorities에 따르면, 자본 소득과 배당금에서 나오는 소득의 54퍼센트는 백만장자에게로 돌아가고, 78퍼센트는 수입이 200,000달러 이상인 사람들에게로 돌아간다고 한다. 많은 중산층 가정에서 지불하는 급여소득세의 반 정도의 세율로 회사 중역들은 주식 소득에 대해 납세를 하는 것이다.

씨어도어 루즈벨트가 한 세기 전 "자신들이 버는 것 이상으로 더 많이 소유한 사람들과 자신들이 소유한 것 이상으로 버는 사람들 간의 갈등이 진보의 핵심적인 조건이다."라고 말했듯이, 우리는 경제력을 이루기 위해서 부자일 필요가 없는 나라를 원한다.

이러한 개혁을 뒷받침하도록 하기 위해서, 우리는 여기에 속하지 않는 허점들을 메우기 위해 상식적인 조처를 취해야 할 것이다. 좋은 소식은 우리는 더 단일하고 보다 누진적인 세법을 가질 수 있다는 것이다. 부시시기의 가장 고약한 것은 바로 빠져 나갈 구멍이다. 공화당이 얼마나 자주 단순한 세법을 약속하든지 간에, 이들은 특혜와 함께 이러한 약속을 쓰레기통에 버리는데 더 관심이 있는 것처럼 보인다. 빠져 나갈 구멍들을 없애야 한다. 그러면 광범위한 중산층이 혜택을 받을 것이다.

기업 단일세에 대한 와이든―이매뉴얼의 제안은 로비스트를 고용하기도 힘들고, 특혜를 바라지도 않는 수천의 기업들이 활동할 여지를 늘릴 것이다.

조셉 도지Joseph Dodge교수와 제이 솔드Jay Soled 교수가 〈택스 노트Tax Notes〉지에서 말한 바에 따르면, 미국은 축소 신고된 자본 소득 때문에 다음 10년 간 250억 달러의 세수를 잃을 것이라고 한다. 에반 바이Evan Bayh 상원의원은 이러한 세금 준수 갭을 메우기 위한 법률안을 제안했다. 그에 따르면, 모든 근로자들이 이미 임금에 대해서 IRS에 신고하는 것과 같은 정보를 증권 산업이 자본 소득에 대해서 신고하도록 함으로써 이 갭을 메운다는 것이다.

부시 시대의 지속되는 경제적 아이러니는 행정부가 너무 극단적으로 흘러서, 협애한 이익을 보호하고자 필사적으로 노력한 결과 오히려 역효과를 내면서, 오래 전에 낡아빠진 세법을 일거에 진보적으로 바꾸도록 강제할 것이라는 점이다. 중산층 미국인들은 공화당에 30년을 주었고, 이들의 감세이론을 시험할 두 번의 큰 기회를 주었다. 이제는 미국이 항상 정말로 원했던 것을 줄 때이다. 우리의 가치를 존중하는 세법과 제대로 작동하는 경제적 플랜을.

제 11 장
테러와의 전쟁에 대한 새로운 전략

위험한 세계에서 미국이 안전하게 되도록 하기 위해서 미국이 가진 힘으로 모든 수단을 다 동원하는 강력하고 진보적인 전략이 필요하다. 우리만 홀로 극단주의에 대한 투쟁에서 이길 수는 없을 것이다. 극단주의를 낳는 조건에 반대하는 공통의 임무를 띠는 동맹과 협력해야 한다. 또한 새로운 위협에 대처할 병력을 재건하고 확대해야 한다. 국내 테러리즘을 저지할 새로운 힘을 길러야 한다. 마지막으로 전쟁은 국내에서 이기는지 지는지가 좌우됨을 인식할 필요가 있다. 바로 미국의 경쟁력을 강화하고, 전 미국인들이 자기 맡은 바 소임을 다하고, 석유에 대한 의존성을 끝내서 우리가 우리의 운명을 통제할 수 있도록 함을 통해서 말이다.

미국이 9.11공격을 받은 지 5년이 지났다. 미국이 2차 대전에서 승리하는 데 걸린 것보다 더 오랜 시간 우리는 테러와의 전쟁을 벌이고 있다. 영웅적 행위가 몇 세대에 걸쳐 지속되어 온 미군과는 별도로, 우리 시대는 비교적 그리 잘 되어가지 않는다. 진주만 공격을 받은 지 5년 후, 미국은 세계를 규합하여 파시스트 전체주의를 무찌르고, 유엔을 발족하며, 유럽을 재건했다. 테러와의 전쟁을 벌인지 5년, 미국은 급진적인 이슬람 전체주의를 근절시키자는 세계의 결의를 분열시키고 힘들게 얻은 역사적 동맹을 약화시켰다.

일본이 65년 전 진주만을 폭격했을 때, 프랭클린 루즈벨트는 즉각적으로 모든 것이 변했음을 알아차렸다. 그리고 이 문제와 관련해서는 그의 일부 정치적 반대자들도 (변화를) 인식했던 것이다. 찰스 피터스Charles Peters가 『필라델피아에서의 5일간Five Days in Philadelphia』에서 지적한 것처럼, 프랭클린 루즈벨트와 그의 가장 최근의 공화당 정적인 웬델 윌키Wendell Willkie는 중요한 전쟁에서 이기기 위해 재빨리 당파 전쟁을 뒤로 늦추었다.

하지만 대부분의 측면에서, 9.11이후 미국 정치에 대한 변화는 놀랍게도 거의 없었다. 오히려 더 안 좋아졌다는 점만 제외하고는 말이다. 공화당은 포스트 9.11 정당으로 스스로를 자리매김 하려고 한다. 부시의 백악관은 영구적인 전시체제에 있는 것으로 보일 수 있는 것이라곤 모두 다 하고자 했다. 대통령은 갑작스럽게 부대를 방문하고, 단호한 의지를 유지하는 것에 대해 연설했다. 부통령은 심지어 사냥을 하지 않을 때에도 안전한 비밀 장소에서 숨었다. 경제가 덜컹거리고, 국내 문제가 무시되거나, 행정부의 무능력함이 교묘히 조사를 피해 나갈

제11장 테러와의 전쟁에 대한 새로운 전략

때마다, 변명은 똑같았다. 지금은 안 돼. 전시 중이야.

9.11이후 한참이나 지났는데도, 부시 백악관을 움직이는 힘은 9월 10일과 다름이 없다. 모든 가능한 당파적 이득을 부여잡고 남김없이 이용하는 것 말이다. 대통령의 아젠다에서부터 공화당의 우선순위에 이르기까지 거의 아무 것도 변하지 않았다. 모든 이슈와 법안, 연설은 9.11이전의 슬로건과 똑같았다. 그것은 정치를 최우선적으로 고려하라는 것이다.

백악관이 정치적 일정을 넘어서 보기라도 했다면, 대통령은 9.11을 이용해서 미국인들에게 2차 대전 이후 가장 명확한 목적의식을 심어줄 수 있었을 것이다. 잠시 빛나는 순간 동안만, 미국은 그 어느 때 보다도 더 단결되었고, 세계는 우리에게 동정을 보내면서 우리의 대의에 동참하였다. 하지만 몇 달 만에, 부시 대통령은 세계와의 역사적 동맹을 깨뜨렸다. 그리고 2002년과 2004년 선거에서 그는 우리를 애초에 표류시켰던 공허하고 분열적인 정치를 재개했다. 두 번 다 공화당은 부끄럽지도 않은 듯이 피로 물든 셔츠를 흔들었다.

대부분의 대통령들은 9.11 직후 민주당이 부시에게 보낸 초당적 지지와 같은 것을 환영했을 것이다. 하지만 2002년 부시대통령은 극단적으로 차이를 만들기까지 하면서 자기 당이 모든 정치적 이득을 차지하도록 했다. 먼저 부시 대통령은 국토안보부를 신설하자는 민주당의 제안을 받아들이고는, 민주당이 마치 자기가 훔친 아이디어에 반대하는 것처럼 보이도록 시민의 봉사 규정에 대한 사기 논쟁을 벌였다. 상처에 소금을 뿌리기 위해, 공화당은 당시 상원의원이었던 맥스 클러랜드Max Clerand 의 안보 경력에 의문을 던지는 야비한 캠페인 광고에서 이 문제를 선동해 댔다. 맥스 클러랜드 전 상원의원은 베트남 전에서 고국을 위해 싸우던 중 세 사지를 잃었던 인물이다. 2004년 부시 지지자들은 또 다른 베트남 참전 영웅인 존 케리에 대한 스위프트 보트 광고로 또다시 추한 게임을 벌렸다. 칼 로브가 자기가 하고 싶은 대로 할 수 있었다면, 부시의 재선 슬로건은 아마도 "4년 더 전쟁을!"이었을 것이다.

부시와 로브는 9.11과 테러리스트의 위협이 다소라도 자신들의 세계관을 변화시켰기 때문에, 이러한 냉소적인 전략을 쓰지는 않았다. 그들이 9.11을 가지고 정치적 농간을 한 방울이라도 짜내려고 했다는 사실은 이들의 세계관이 그렇게 많이 변하지는 않았다는 증거이다. 과거 전쟁 때는, 공화당의 민주당 대통령들은 똑같이 정당과는 상관없이 가능한 한 광범위한 지지를 얻고자 하였다. 이 대통령은 유례없이 분열과 정복이라는 국내 정치적 전략을 추구했다. 민주당 일각이 9.11 이전의 세계에 여전히 살고 있다면, 이들은 혼자는 아닐 것이다. 부시 행정부가 거기 먼저 도착해 있을 뿐이다.

공화당과 민주당 두 당 내에서, 일부는 9.11의 여파를 완전히 이해하는데 시간이 걸렸다. 경제와 의료 문제에 대한 진전이 전혀 없는 데에 낙담하여, 일부 민주당 의원들은 국내 문제로 돌아가고자 안달을 했다. 이해할 만하지만, 민주당은 이 교활하고, 비밀스럽고 정치적으로 강박적인 백악관이 이 비싼 전쟁을

제11장 테러와의 전쟁에 대한 새로운 전략

엉망으로 망쳐놓는 것에 항의하지 않을 수 없었다. 비록 분노한 시위자들이 바로 이 교활하고 비밀스럽고 정치적으로 강박적인 백악관이 원하는 바로 그 반대자들이었다 하더라도 말이다. 로브는 계속해서 움직이는 기계를 발명했다. 즉, 공화당은 국가 안보에 실패하고, 그래서 민주당이 이를 비판하게 되고, 그러면 공화당은 민주당이 결의가 부족하다고 공격하고, 그러면서 공화당은 더욱더 국가 안보에 실패할 시간을 벌게 되는 것이다.

전시 지휘본부를 넘어서

다른 모든 미국인들처럼, 우리도 국가를 위해 자신들의 모든 것을 위험에 빠뜨렸던 군인과 예비군들에게 감사와 존경을 보내는 바이다. 민주주의가 이라크에 뿌리를 내리기를 기도한다. 사담 후세인이 창살 뒤에서 썩고 있는 것에 전율을 느끼기도 하였다. 하지만, 우리는 부시 행정부가 9.11로부터 잘못된 교훈을 배웠듯이, 워싱턴이 이라크에서의 실수로부터 올바른 교훈을 배우지 못할까 봐 두렵다.

공화당의 주요 외교정책 전략가들이 절망적으로 상호비난의 수렁에 빠져 있다면, 민주당의 많은 최고 전략가들은 참신하게 견실하고 지적인 접근법을 만들기 시작했다. 진보정책연구소 윌 마샬Will Marshall이 편집한 선집인 "우리의 모든 힘을 다해서 With All Our Might"는 『진보적 국제주의progressive internationalism』의 독트린을 공표했다. 이는 프랭클린 루즈벨트와 해리 트루만, 존 케네디의 민주당의 비전에 새로운 생명을 불어넣는 것이다. 이것의 골자는 국내적으로는 국가적 단결과 의무, 경제적 부강함과 함께, 군사적 우위와 동맹, 세계의 자유 민주주의에 대한 지원을 하는 것이다. 피터 바이나트Peter Beinart의 최근 책 『좋은 싸움The Good Fight』에서, 그는 전체주의와 공산주의에 대한 통일전선이 뉴딜과 위대한 사회에 본질적이었던 것처럼, 강인한 새로운 국가 안보정책이 진보적인 정치의 미래에 본질적인 이유를 설명한다.

이들 저자들이 명백히 하듯이, 전쟁에서 이기는 것은 많은 우파와 일부 좌파에서 생각하는 것처럼 당파적이거나 내지는 이데올로기적인 질문이 아니라, 철저히 실용적인 질문인 것이다. 우리는 양 정당이 자기들끼리의 전쟁에 몰두해 있거나 한다면 결코 테러와의 전쟁에서 이길 수 없을 것이다. 우리는 상대의 애국심이나 결의에 의심을 품는다면 전쟁에서 이길 수 없을 것이다. 미국인들은 어느 정당이 이기는 지 관심이 없다. 단지 미국이 이기느냐 지느냐에 관심이 있을 뿐이다.

이제 정치적 "전시지휘본부"를 폐쇄하고 전쟁에서 어떻게 이길 것인지 알아야 할 때이다.

동맹

우리가 서로에 대한 비난을 그만두고 (물론 이는 매우 구미

제11장 테러와의 전쟁에 대한 새로운 전략

가 당기지만) 전쟁을 중단한다면, 해야 할 일은 여전히 어마어마하다고 하더라도 더 명백해 질 것이다. 먼저, 우리는 우리 혼자 힘으로의 싸움에서 이기려고 하는 것을 그만 두어야 한다. 우리는 필요하다면, 테러와의 전쟁에서 무력을 행사할 수 있어야 할 것이다. 하지만, 군사력은 우리가 비축한 힘에서 단지 하나의 무기에 지나지 않는다. 미국의 정치적, 도덕적, 경제적 리더십도 각각 다 사활적으로 중요한 것이다. 이것은 21세기 다자적인 제도를 개혁하고 강화하는 것을 의미한다. 교토의 정서와 같이 중요한 국제적 합의를 포기함으로써, 부시행정부는 다른 전선에서의 미국의 대의에 해를 입혔다.

우리는 이러한 전략적 동맹을 재생시켜야 한다. 예를 들면, 프린스턴대 우드로 윌슨 스쿨의 학장인 앤—마리 슬로터Anne-Marie Slaughter는 새로운 노동 분업을 제시했다. 이에 따르면, 유엔은 경제 및 사회적 도움을 주고, 확대된 NATO는 집단 안보의 부담을 진다는 것이다. 유엔 개편은 어려운 일이다. 마찬가지로 세계를 기후변화협정에 끌어넣는 것도 어려운 일이다. 하지만 이러한 이슈에서 도망치는 것은 우리의 일을 더 힘들게 할 뿐인 것이다. 미국 혼자 힘으로는 이란에서 북한, 아랍에 이르기까지, 새로운 핵 보유 국가가 출현하는 것을 막거나, 핵무기 유출을 저지하거나, 알 케다를 붕괴시킬 수 없을 것이다.

더 플랜

군대

두 번째로, 우리가 현재의 전쟁에서 이기고자 한다면, 우리는 필요한 군대를 재건해야 한다. 우리 친구인 폴 베갈라의 모토는 "대부대가 필요하다It Takes a Battalion"가 되었고, 그 점에서 그는 옳았다. 더 많은 병력이 없다면, 우리는 장기간 전쟁에서 싸워 이길 수 없을 것이다. 조지 부시가 2000년에 대통령에 출마했을 때, 그는 군대가 텅 비어있다고 불평했다. 그 당시에는 사실이 아니었지만, 지금은 사실이다. 도널드 럼스펠드 하에서 펜타곤은 군사 변환 전략에 대한 지루한 논쟁에 몰두했지만, 우리 군사력의 심장과 영혼인 우리 군인들이 필요로 하는 기본적인 물품조차도 제대로 공급하지 못했다. 군대에는 충분한 병력이 없고, 주방위군과 예비군은 한계에 닿을 때까지 지쳐 있으며, 전쟁터에 보낸 군인들은 살아남는 데 필요한 장비조차도 항상 구비되어 있는 것이 아닌 실정이다.

펜타곤이 지원한 2006년의 한 연구에 따르면, 군대는 "가느다란 그린 라인thin a green line"이 되었다고 한다. 이라크에서 우리 병력은 너무 드문드문 퍼져 있어서, 군인들과 수비대원, 예비군인들은 자신들이 가담했던 것 이상의 짐을 짊어지게 되었다. 행정부는 양쪽에서 전력을 다할 만큼 병력이 충분하지 못했던 까닭에 병력을 이라크로 배치함으로써 아프가니스탄에서의 승리를 위험에 빠뜨렸다. 오사마 빈 라덴은 부분적으로는 우리가 그를 추적할 인력이 없었던 까닭에 토라 보라에서 도망칠

제11장 테러와의 전쟁에 대한 새로운 전략

수 있었다.

우리는 스마트 무기나 최첨단 기술사용이나, 심지어 미사일 방어 연구를 대찬성한다. 하지만 장기 전쟁에서 이기는데 좀 더 진지하다면, 우리는 가장 중요한 것을 제일 우선순위에 두어야 한다. 즉, 우리는 더 크고, 장비가 잘 갖춰진 군대가 필요한 것이다. 그리고 우리는 국가가 요청할 수 있는 제일 중요한 의무로 군대에 복무하는 것을 인식할 필요가 있다.

오늘날, 약 150만 명의 미국인이 군대에 현역으로 있다. 그 중, 육군에 50만 명, 해군과 공군에 각각 40만 명씩, 해병대에 20만 명이 있다. 20년 전, 냉전이 최고조에 달했을 때, 우리의 총 병력은 210만 명 이상이었다.

테러와의 전쟁은 다른 위협을 취하고, 여기에는 훨씬 더 민첩한 대응이 필요하다. 하지만 우리가 이라크와 아프가니스탄에서 어렵게 배웠듯이, 군대를 대체할 만한 것이 없다.

미국이 병력의 갭을 줄일 때가 되었다. 작년에, 7명의 민주당 의원들(조셉 리버만 상원의원, 힐러리 로댐 클린튼 상원의원, 빌 넬슨Bill Nelson 상원의원, 잭 리드Jack Reed 상원의원, 켄 살라자르Ken Salazar 상원의원 엘렌 토셔Ellen Tauscher 하원의원, 마크 우달Mark Udall 하원의원)이 미국육군증원법the United States Army Relief Act을 소개했다. 워싱턴의 한 정책그룹인 제3의 길Third Way의 연구에 기반한 것으로, 이 법안은 10만 명의 병력을 육군—냉전 이후 병력이 가장 많이 줄어들었던 곳이다—에 추가하기로 하였다. 펜타곤도 특수부대와 해병대를 지원하기 위해 병력증강을 해야 한다. 그래서 미국이 이 장기간 전쟁에서 여러 잠재적인 작전 구역에서 신속하게 대응할 수 있는 능력을 갖추도록 해야 하는 것이다.

동시에 우리는 펜타곤이 다시는, 작전을 성공적으로 수행하고 살아남는 데 필요한 장비도 제대로 갖추지 않은 채 우리 군인들을 전투에 내보내지 않도록 해야 할 것이다. 한 병사가 2004년 쿠웨이트에서 있었던 군인들과의 타운홀 미팅에서 이 문제에 대한 질문으로 럼스펠트를 압박했을 때, 럼스펠트는 분별없이 군인들에게 다음과 같이 말했다. "여러분도 알다시피, 여러분은 현재의 군병력 상태로 전쟁에 나갑니다. 이 군은 여러분이 원하거나, 나중에 보유하길 희망하는 그런 군 규모는 아닌 것입니다." 부시는 그 자리에서 직무 유기로 럼스펠트를 해고했어야 했다. 그의 후하에 있는 군이 응당 받아야 할 도움을 주어야 한다는 그의 유일한 책임을 다하지 않았기 때문이다.

어떻게 하면 보다 많은 병력을 지원할 수 있을 것인가? 우리는 먼저 국방부의 조달 체계의 효율성을 개선부터 해야 한다. 정부 회계사무국에 따르면, 코만치 헬리콥터가 3억 7,000만 달러나 예산 초과였고, F-22A 랩터 전술적 전투기는 10억 2,000만 달러나 예산 초과였다. F-35조인트 스트라이크 전투기는 10억 1,000만 달러나 예산 초과, 우주기반 적외선 체계 고위성 체계는 3억 7,000만 달러 예산 초과였다. 4가지 무기 시스템만 해도 28억 달러나 비용이 초과된 상태이다. 여기에는 펜타곤이 어쨌든 계약자들에게 업적 인센티브로 주었던 1억 7,000만 달러가 포함되어 있다.

제11장 테러와의 전쟁에 대한 새로운 전략

강력한 군은 단순히 병력의 수와 군 장비에 대한 것만은 아니다. 보다 크게는, 군대의 힘은 국내에서 받는 지원에서 나오는 것이다. 그러한 측면에서, 우리 나라의 정책은 우리가 벌인 전쟁과 이 전쟁에서 이기는 데 필요한 인력 규모를 인정하는 것과는 거리가 멀다.

우리의 군인들이 고국으로 돌아왔을 때, 이들은 영웅적인 대접을 받을 만하다. 우리는 6개월간 이라크와 아프가니스탄에서 근무한 군인과 주방위군, 예비군을 위한 새로운 군인법GI Bill을 제안한다. 각 군인들은 군의 현역 트라이케어TRICARE 프로그램으로부터 5년 간 기본적인 의료보험을 보장 받아야 한다. 또한 우리는 현재의 몽고메리군인지원법Montgomery GI Bill을 확대해서, 75,000달러까지 대학 지원금을 제공해야 한다. 그리고 주택 할부금을 내도록 5,000달러의 면세를 주도록 해야 한다.

정보기관

우리는 중앙집권화된 관료주의가 테러리스트가 제일 좋아하는 친구임을 잊어서는 안 된다. 9.11공격이 진주만 이래로 미국 정보기관이 저지른 가장 큰 실패로 종종 묘사되지만, 이는 정보의 실패라기보다는 조직의 실패이다. 2001년 6월 CIA의 한 브리핑은 "빈 라덴이 고강도 공격을 계획하고 있다"라고 경고했다. 7월 한 FBI 요원은 그의 상관에게 오사마 빈 라덴의

추종자들이 여기 미국의 한 항공학교에서 훈련을 받고 있는지를 판단하라고 촉구하는 메모를 썼다. 8월, 부시 대통령이 매일 받던 정보 브리핑에서는 "빈 라덴이 미국에서 공격하기를 결정했다"라고 단언했다. 이 각각은 관료적 실패의 희생자가 되었다. CIA와 FBI간의 커뮤니케이션 결렬, 요원들과 변호사들 간의 오해, 최일선과 고위급에 변호사들이 너무 많이 포진해 있는 것—이 모든 것이 관료적 실패를 가져 왔다. 9.11위원회가 다음과 같이 결론 내렸듯이, "국내 요원들은 어떻게 해야 할지 몰랐고, 아무도 이들에게 지시를 내리지 않았다." 관료주의가 뿌리 깊게 배인 것이다.

하지만 9.11이후에도, 연방정부의 대응은 관료주의를 줄여 나가지 않고, 더 많이 늘리는데 있었다. 국토안보부를 신설하는 것 이상으로 워싱턴의 9.11에 대한 대응에서 문제가 있는 것을 상징하는 것은 없다. 국토안보부는 낡은 정치적 스탠바이의 또 다른 예이다. 거기 단지 서 있지는 마라. 사람들이 네가 거기 서 있기만 한다는 걸 눈치 채지 않도록 뭔가를 하라.

다른 시대의 다른 지도자들은 맘모스같이 거대하고, 화석화된, 대응도 않는 관료주의를 만드는데 몇 년이 걸렸을 지도 모른다. 여기 부시 행정부는 하룻밤 사이에 이 일을 해냈다. 이미 국토안보부는 엠시아이 월드컴MCI Worldcom 이래로 가장 꼼짝도 않는 거대 집단으로 등장했다. 허리케인 카트리나가 뉴올리언스 지방을 강타했을 때, 국토안보부는 9.11이전의 변명거리 같

제11장 테러와의 전쟁에 대한 새로운 전략

은 것도 없었다. 위협의 심각성은 오래 전부터 있어 왔고, 널리 알려져 있었던 것이다. 그리고 자연은 며칠동안 계속 경고를 해댔었다. 하지만 국토안보부가 무슨 일—우리가 또 다른 테러리스트의 공격을 받을 때는 누릴 수 없는 사치—이 일어날 것인지를 심지어 알았을 때조차, 관료주의는 여전히 실패했던 것이다. 연방재난관리기구의 무기력한 수장인 마이클 브라운Michael Brown은 대통령에게 제방이 무너질지 모른다고 말했다. 그리고 국토안보부에 있는 그의 상관에게 제방에 균열이 생겼다라고 보고했었다. 슬로우 모션으로 기차가 탈선하는 것처럼, 정부는 처음부터 끝 칸까지 기차가 레일을 벗어나는 것을 알지만, 임박한 재난을 피할 수도 혹은 피하려 하지도 않았다.

의회는 9.11때의 관료적 실패에 대한 조사를 거의 끝내지도 못했는데, 다시 카트리나에 대한 대처 실패에 대해서도 똑 같은 이유를 조사해야만 했다. 3년 만에, 국토안보부는 수많은 전략적 계획을 경험했고, 재조직화의 외양을 갖추는 데에는 전문가가 되었다. 하지만 기본적인 문제는 여전히 만연해 있다. 이 부서에는 18만 명이 일하고 있다. 2005년 7월 런던 폭탄 테러사건은 백 팩을 맨 네 명의 젊은이들 소행이었다. 당신이라면 어느 조직표를 갖겠는가?

국토안보부 자체는 이 부서가 성공하는 데 가장 큰 단 하나의 장애물이다. 워싱턴에서 관료주의를 공고히 하는 것은 21세기의 세계에 1960년 식의 응답인 것이다. 테러리스트들은 게릴라전을 벌이고 있다. 우리는 독립 전쟁 때의 영국군들처럼, 새로운 시대에 둔감한 채 한 줄로 줄 서있는 것이다. 탈중앙화된 적에 대항하여, 우리는 우리가 가진 자원을 탈중앙화된 해결책에 쏟아 부어야 할 것이다.

행정부가 연방정부의 국내 안보기능을 공고히 하였던 반면에, 지역의 법 집행을 강화—바로 국토방위의 최전선이다—하는 데에는 거의 어떠한 노력도 기울이지 않았다. 그리고 관료적 개편에도 불구하고, 가장 큰 관료적 문제 중의 하나—CIA와 FBI가 어떻게 하면 서로 정보를 공유하고 결과에 대해 책임을 질 수 있도록 할 수 있는지—는 깡그리 무시했다.

우리는 계속되는 정보부의 실패에 정면으로 제동을 걸어야 한다. 부시 행정부가 시민의 자유와 적절한 감시를 무시함으로써 미국에는 어떠한 선택의 여지도 남아있지 않게 되었다. 지구상의 다른 모든 민주주의 국가처럼, 미국도 최고의 국내 테러진압군을 창설해야 한다. FBI나 CIA가 오래된 나쁜 습관을 바꾸기를 기다리기 보다는, 우리도 그 일에 최적인 엘리트 부대를 배치해야 한다. 바로 영국의 성공적인 반테러 진압 요원인 MI5를 닮은 새로운 국내 방위 부대가 그것이다. 〈블루프린트Blueprint〉지의 한 기사에서, 전 백악관 범죄정책 전문가인 호세 세르다Jose Cerda는 새로운 병력을 "3D"로 별명을 붙였다.

이 3D의 유일한 임무는 국내에서의 테러리즘을 예방하고 억제하는 것이 될 것이다. 여기에는 CIA와 FBI의 최고 보안전문가, 주 및 지방정부의 고위 법 집행관이 포함되어 있을 것이다. 국가안전국이 비밀리에 전화를 모니터하고, 미국인들의 통

제11장 테러와의 전쟁에 대한 새로운 전략

화 기록을 수집하였을 때, 부시 행정부는 격렬한 논란을 야기했다. 하지만 그에 대한 대답은 국내 정보기관 자체의 정보수집을 줄이도록 하는 것이 아니다. 오히려, 국내의 반테러 활동이 제대로 되게 하는 것이다. 먼저, 3D가 하는 일은 의회정보위원회와 다른 기관의 정보 관리들의 철저한 감시를 받아야 한다. 두 번째로, 영국의 MI5의 경우처럼, 특별연방판사가 주관하는 특별 법정이 설립되어서, 죄 없는 시민들의 자유가 보장되도록 3D의 활동을 감시해야 한다.

우리는 9.11이후의 세계가 우리의 안보와 개인의 자유 간에 선택하도록 강요한 낡은 지혜를 거부한다. 이것은 바로 나쁜 경찰 활동에 대한 관료적 변명에 지나지 않는 것이다. 명백한 규정과 주의 깊은 감시 및 제대로 된 책임성을 가지고, 우리는 적을 목표로 하면서도 법을 준수하는 미국인은 피해 받지 않는 식으로 정보를 수집할 수 있을 것이다. 또한 우리는 정부가 또 다른 흔히 간과된 시민의 자유─우리의 안전─를 보호하도록 도울 수 있을 것이다.

국내 전선

여기 국내에서, 우리는 제련소와 화학공장과 같이 개인소유로 있는 치명적인 목표물을 보호하기 위해 더 노력해야 한다. 일리노이 주의 상원의원인 딕 더빈Dick Durbin과 바락 오바마

더 플랜

Barack Obama는 가능한 한 전국적으로 수백만 명이 인접해 있는 111개의 화학공장이 공격을 받았을 시, 덜 위험하도록 안전한 화학용품을 사용하도록 요구하는 법안을 제출했다.

또한 트루만위원회가 2차 대전 때 재정 거래를 정밀 조사한 것처럼, 테러와의 전쟁에서 부당한 이익을 얻는 행위에 강경히 대처해야 한다. 대부분의 기업들은 양심적이고, 테러와의 전쟁을 지지하는데 영웅적인 일을 했었다. 하지만 그렇지 않았던 기업들—펜타곤의 감사들이 1억 달러 이상이 의심스럽게 사용되었다는 것을 발견해 낸 핼리버튼 같은 기업들—은 무거운 대가를 치러야 할 것이다.

그 시대의 전쟁에서 이기기 위해, 프랭클린 루즈벨트는 미국 최고의 기업인들을 거의 무보수로 워싱턴으로 끌어들였다. 조지 부시가 증명한 것처럼, 우리는 시간당 500달러나 받는 로비스트를 끌어들여서는 전쟁에서 이길 수 없을 것이다.

결국 국가가 전쟁을 하는 것이지, 대통령만이 하는 것은 아니다. 프랭클린 루즈벨트가 이해했던 바는, 바로 모든 미국인들이 전쟁에 참여하는 것이 우리의 병사들을 전투에 내보내는 것만큼이나 히틀러를 무찌르는 데 결정적이라는 것이다. 경제와 미국의 시민의식이 전력을 다한다면, 지구상의 어떤 국가도 우리를 막을 수는 없을 것이다. 2차 대전 때 대부분의 미국인들은 현재의 우리만큼 직접적인 위험에 노출되어 있지는 않았다. 오늘날에는 지하철의 신경가스나 배낭에 숨겨진 더러운 폭탄이 한꺼번에 수천 명을 죽일 수 있는 시대인 것이다. 하지만

제11장 테러와의 전쟁에 대한 새로운 전략

이러한 전쟁을 통해서, 그 당시 미국인들은 이기기 위해서는 무엇을 하고 무엇을 감수해야 하는지를 알게 되었다.

9.11직후의 여파로, 미국인들은 다시 한번 자기 맡은 일을 할 준비가 되어 있고, 또한 소임을 다하는 데 열심이었다. 이들은 헌혈을 하고, 로어 맨하탄을 재건하는데 수백만 달러를 기부하고, 자기들 집에 성조기를 내걸고, 희생자 가족들을 위해서 촛불을 켜고 기도를 했었다. 이들은 더 많은 일을 하고자 열망했지만, (정부로부터) 연락을 받지는 못했다.

9.11이후의 부시 행정부가 보인 정치적 술수로 인해 특별히 슬픈 점은, 모든 미국인들이 맞서 싸워야 할 전쟁을 또 다른 양극화된 정치적 이슈로 전환했다는 데 있다. 테러와의 전쟁을 공통의 대의라든지 우리의 일상생활의 한 부분으로 만들지 않고, 부시 행정부는 이를 케이블 TV에서나 보게 될 또 다른 당파적 전쟁으로 만들었다.

9.11위원회를 비극적 사태에 대한 초당적 대응으로 환영하지 않고, 부시의 백악관은 위원회를 꼼짝 못하게 방해하면서, 위원회가 제시한 가장 중요한 권고안 대다수를 실행하지 않았다. 미국의 국경을 적극적으로 보호하는 방향으로 움직이는 대신에, 공화당은 불법적인 이민자들을 통제할 수 없게 내버려 두고는 이로 인한 반발을 당파적으로 이용하고자 하였다. 정보기관의 국내 정보 수집이 적절한 감독을 받도록 하지 않고는, 대신에 부시 행정부는 자기들의 실수를 민주당이 테러와의 전쟁에 너무 유약하게 대처한다고 공격하는 구실로 삼았다.

부시는 2003년 USS링컨 함정의 "임무 완수"라는 배너 앞에서 비행복을 입고 서 있는 것으로 당연히 조롱을 받았지만, 아이러니하게도 그는 한 번도 "규정된 임무"를 정직하게 말할 수 없었을 것이다.

2005년 백악관은 전시 커뮤니케이션 전문가인 듀크대학교의 피터 피버Peter Feaver 교수를 채용했다. 그는 이전의 전쟁 사례를 연구하고는 전쟁에 대해 대중들이 계속 지지하도록 하는 제일 좋은 방법은 국민들에게 전쟁에서 이기고 있다 라고 말하는 것이라고 결론 내렸다. 그의 지휘 하에 백악관은 승리를 향한 미국의 계획에 관한 멋들어진 책자를 발간했는데, 이라크 주둔 미국 장군들은 이 책이 발간된 이후에나 보게 되었다. 미국인들은 천성적으로 낙관적이다. 하지만 전쟁에서는 긍정적으로 생각하는 것만으로는 충분하지 않다. 이기는 데 정말로 중요한 것은 이기는 전략을 수행하는 것이다. 그리고 테러와의 전쟁에서 대중들의 지지를 끌어내는 데 중요한 것은 미국인들에게 이에 부합한 역할을 부여하는 것이다.

젊은 미국인들이 (국가에) 복무하도록 요구해야 할 뿐 만 아니라, 우리는 모든 미국인들이 각자의 소임을 다하도록 독려해야 할 것이다. 가정 테러대비 장비 소동을 일으킨 전 국토안보부 장관인 탐 릿지Tom Ridge식의 대응을 제외하고는 정부는 국민들에게 무엇을 준비하라고 하지도 않았고, 국민들에게 준비할 것을 요구하지도 않았었다. 만약에 우리가 전시이고 위험에 처한다면 정부는 그것에 대해 정확히 말할 도덕적 의무가

제11장 테러와의 전쟁에 대한 새로운 전략

있다. 정부가 하는 일은 시민들을 안전하게 하도록 정부의 힘이 닿는 데까지 전력을 다하는 것이다. 시민들이 할 일은 자신들이 할 수 있는 한 돕는 것이다.

궁극적으로 테러와의 전쟁은 인류의 마음과 정신에 대한 전투인 것이다. 이러한 전투에서, 우리의 전례에서 보인 힘은 바로 미국의 가장 큰 지원자인 것이다. 우리가 군사적 지도력을 강화한다 할지라도, 우리의 도덕적 지도력—우리의 책임감, 우리의 이상과 자유, 우리의 커뮤니티와 다양성, 교육과 기회에 대한 우리의 신념—또한 강화해야 할 것이다. 테러리즘이 증오를 확산하는 것을 막는 가장 좋은 길은 우리 스스로가 전 세계 사람들이 우리의 이상을 수용하도록 이끌 기회와 자유의 횃불이 되는 것이다.

우리 병사들이 제일 먼저 희생되어서도 안 되고, 또한 우리 병사들만 희생되어서도 안 된다. 우리 모두가 이 나라가 더 강해지도록 하는 데 책임이 있는 것이다. 젊은이들은 전국민 봉사단으로 자신들의 역할을 할 것이다. 성공적인 기업인들과 개인들은 자신들만을 위한 특혜가 아니라, 국가 전체를 위한 똑똑한 경제 전략을 요구함으로써 자기들의 역할을 할 것이다. 워싱턴은 협소한 정치적 이해에 앞서, 장기적인 국가적 이해를 우선시함으로써 자기의 역할을 할 것이다.

그리고 9.11로 인해서 우리가 좀 더 강해지고 똑똑해졌다는 걸 세계에 알리고 싶다면, 우리는 석유로 운영되지 않는 경제를 건설하는 길을 이끌어야 할 것이다.

제 12 장
하이브리드 경제

철도에서 자동차, 달에 도달하는 것에 이르기까지, 미국은 항상 미래가 있는 곳에 있어 왔다. 오늘날, 우리는 다시 미래를 만들 기회—와 의무—를 가졌다. 과거 인터넷이 그랬던 것처럼, 다음 십년 간 우리의 경제를 변모할 잠재력을 가진 에너지 효율적인 기술의 최전선에 섬으로써 이를 이룰 수 있을 것이다. 에너지 문제는 매우 드물게 해트 트릭을 할 수 있는 공공정책 이슈이다. 새로운 직업을 창출할 수 있고, 지구를 환경오염에서 구하며, 우리의 안보를 위험에 빠뜨릴 수 있는 지역에 대한 의존성을 줄일 수 있는 그런 정책인 것이다.

9.11은 대부분의 미국인들에게 1970년대 OPEC이나 이란 인질위기도 하지 못했던 방식으로 이 문제를 명료하게 했다. 작가이자 평론가인 토마스 프리드만Thomas Friedman이 반복해서 강조한 것처럼, 우리는 단순히 석유에 엄청난 돈을 지불할 뿐만

제12장 하이브리드 경제

아니라, 미국에 반대하는 지하드가 출현하는 데 책임이 있는 후진적인 정권에 돈을 대기도 한다는 것을 알게 되었다.

테러와의 전쟁이 한창이 가운데, 만약에 〈뉴욕 타임즈〉가 연간 50억 달러가 상대 쪽으로 흘러 들어가는 비밀 음모를 파헤쳤다면, 펜실베이니아 가의 한 쪽에서 반대쪽으로 신랄한 비평이 오갔을 것이다. 하지만 테러리즘에 대한 공화당의 계속되는 공격에도 불구하고, 미국의 대테러 석유 스캔들에 대한 이들의 대응은 거꾸로였다. 9.11로 워싱턴에서의 정치가 그리 변하지 않았다는 것을 설명하기에는 에너지 문제 이외의 다른 어떤 문제도 이를 더 잘 설명해 내지는 못한다.

2006년 초, 유가와 가정용 난방 기름값이 급격히 올라가자, 부시 대통령은 비로소 미국이 "석유에 중독되었다"고 언급했다. 하지만 부시 행정부와 의회는 한번도 문제를 해결하는데 나서지도 않았다. 작년의 에너지 관련 법안에는 에너지 산업에 대한 혜택에 14.6억 달러가 포함되었다. 우리가 오일 정치에 중독되어 있는 것을 극복하지 않는 한 우리의 석유 중독도 끝나지 않을 것이다. 우리는 효율성과 혁신에 기반한 포괄적이고 진취적인 에너지 정책이 필요한 것이다.

석유 소비를 반으로 줄이기

먼저, 우리는 다음 10년 간 미국의 가솔린 소비를 반으로 줄일 하이브리드hybrids 경제를 도입함으로써, 우리의 석유 사용 습관을 버리고, 그 위에 우리의 자동차 산업을 구해야 한다. 디트로이트는 높은 의료비에서부터 기업의 안 좋은 평판에 이르기까지 여러 가지 이유로 궁지에 몰려 있다. 하지만 디트로이트 시가 살아남는 데 다가오는 가장 큰 위협은 아마도 하이브리드동력 엔진을 개발하는 데 있어서의 일본의 강력한 주도일 것이다. 토요타는 다음 10년 초까지 연간 수백만 대의 하이브리드 차를 팔 계획이다. 포드는 토요타의 프리어스와 혼다의 인사이트가 나온 지 몇 년이 지난 2005년까지 심지어 하이브리드 차를 도입하지도 않았다. GM은 여전히 자체 첫 완전한 하이브리드 차를 개발하고 있는 중이다. 일본이 디트로이트에 교훈을 준 것이 이번이 처음은 아니다. 1980년대 초, 미국의 자동차 산업은 똑 같은 이유로 급박한 상황에 빠졌었다. 포드와 GM이 여전히 기름 잡아먹는 링컨과 뷰익을 팔고 있던 반면, 연비가 낮은 혼다와 토요타는 바로 그들의 코앞에서 미국 시장을 많이 잠식해 나갔던 것이다.

우리가 어린 아이였을 때, 우리는 본느빌 솔트 플랫Bonneville Salt Flat에서 달리는 운전자들의 쉘 가솔린 광고를 보곤 했다. 이들은 광고에서 이 회사의 "초과 마일리지 요소"인 플랫포메이트Platformate로 갤런 당 몇 야드 더 갈 수 있다는 것을 증명하려고 했었다. 오늘날 우리는 진짜 급진전을 이룰 기회—플러그 인 하이브리드Plug-in hybrids—를 가져야 한다. 하이브리드 엔진은 배터리에서 가솔린 동력으로 자유자재로 전환함으로써 가솔린을 줄일

제12장 하이브리드 경제

수 있다. 플러그 인 하이브리드는 기름 한 방울도 쓰지 않고 배터리만으로 20마일을 달릴 수 있는 충분한 배터리 동력을 저장할 수 있는 잠재력이 있다. 이것은 멀리 있는 꿈이 아니다. 우리는 오늘날 이를 이룰 기술이 있다. 플러그 인 하이브리드로 통근자들은 밤새 차를 충전시켰다가 직장으로 차를 타고 출퇴근하며, 한 달에 한두 번 정도도 주유소에 들리지 않아도 될 것이다. 전력선은 대부분의 미국인들이 잠자리에 드는 밤에는 남아돌기 때문에, 우리는 기존의 전력 시설로 밤 동안에 수백만 대의 플러그 인 엔진을 충전할 수 있다. 배터리 동력과 식물 찌꺼기에서 나오는 셀룰로오스 에탄올로 움직이는 플러그 인 하이브리드는 갤런당 100마일에서 300마일을 갈 수 있을 것이다.

동시에 우리는 하이브리드 혁명과 부합하도록 세법을 개정해야 할 것이다. 이 행정부가 하는 것처럼, 다목적 차량에 세금 우대 조치를 주는 대신에, 우리는 일시적으로 하이브리드 차량을 구입하거나, 미국에서 조립된 다른 "기름을 덜 먹는" 차량을 구입하는 데 7,000달러의 세금 크레딧을 주어야 한다. 하이브리드는 상당히 성공적이라는 것이 드러났지만, 하이브리드 차는 일반 가솔린 차량보다 6,000달러 정도 더 비싸다. 크레딧을 늘리면 가격차가 줄어들 것이고, 이는 더 많은 하이브리드 차의 구입을 촉진할 것이다. 그리고 시장에 대한 수요를 늘려서 자동차 제조업자들은 하이브리드 차를 더 많이 생산하게 될 것이다.

에너지에 대한 20세기 식의 접근법을 지원하는 대신에, 우리는 미래를 지배할 배기량이 낮은 엔진과, 에너지 효율적인 기술에 대한 연구를 가속화해야 할 것이다. 정부도 또한 정부 구매력을 이용해서 모범을 보일 수 있을 것이다. 힐러리 클린튼 상원의원이 제안한 것처럼, 연방정부는 전 차량―육군에서부터 총무처 행정 관리청에 이르기까지―연비가 낮은 차량으로 교체해야 할 것이다.

마지막으로, 우리는 새로운 에너지 기술을 개발하는데 정말로 적극적인 캠페인을 벌여야 할 것이다. "기후협정에 관한 교토 의정서"에서 뒤로 물러서는 것은 외교 정책적인 대실책일 뿐만 아니라, 경제적인 실수이기도 하다. 기후협정으로 미국은 진정한 에너지 계획을 채택하지 않을 수 없었을 것이고, 에너지 기술 개발을 주도할 수 있었을 것이다. 에너지 효율성은 우리 경제가 계속 성장하도록 할 수 있을 것이다. 예를 들면, 미국의 10,000개의 발전소의 평균적인 효율성―33퍼센트―은 1960년 이래로 개선되지 않았다. 전기선에서의 송전 손실은 1970년 이후로 두 배나 된다. 태양에너지와 풍력과 같이 에너지 시스템을 다양하게 하는 것은 잠재적으로 에너지 효율성을 90퍼센트까지 이룰 수 있을 것이다.

제이 인슬리Jay Inslee 하원의원의 새로운 아폴로에너지법안New Apollo Energy Act은 기본적으로 케네디 대통령의 달 착륙 아폴로 프로그램의 개념에 기반한 것인데, 깨끗한 에너지, 에너지 효율성, 융합 기술과 심해 드릴링에 대한 새로운 연구 프로그램을 확립함으로써, 에너지 위기에 대한 포괄적인 해결책을 제시한다. 이 법안에는 또한 온실가스를 줄이고, 기후 변화에 대한 연구를

제12장 하이브리드 경제

진전시킬 주도권을 포함하고 있다. 이 아폴로프로젝트에 투자하게 되면, 우리는 20년 내에 현재 중동에서 수입하고 있는 석유를 대체할 만큼의 충분한 에너지를 생산할 수 있을 것이다.

똑 같은 맥락에서, 클린튼 상원의원과 바트 고든Bart Gordon 하원의원은 에너지연구 프로젝트기관을 제안했다. 스푸트니크 이후의 방위 연구 노력을 모델로 한 것으로, 이 법안으로 위험은 높지만, 또한 잠재적인 대가도 높은 분야에서의 에너지 연구를 후원할 것이다.

혁신과 직업

수백만 개의 일자리를 창출하는 것 이외에, 에너지에 대해 국가적으로 새로이 집중을 하는 것은 과학적 연구의 최전방에 공적 투자를 하는 것에 박차를 가할 것이다. 우리의 역사 전반적으로, 정부는 국가 경제가 필요로 하지만, 사적 영역에서 할 수 없는 장기투자를 하는 데 앞장 서 왔다. 19세기 중반, 정부는 철도회사를 도와 대서양에서 태평양 연안까지 연결할 땅을 확보하도록 했다. 1950년대, 아이젠하워 행정부는 주 간 고속도로 시스템을 만듦으로써, 국가의 생산성을 경이적으로 높였다. 1970년대와 1980년대 공공기금으로 진행된 연구로 인터넷이 만들어졌고, 이는 역사상 가장 큰 투자 회수를 가져 왔다. 이로 인해 새로운 산업을 창출한 생산성 붐과 낡은 경제시대를 변모시키고, 새로운 경제 시대를 도입했었다.

어떤 측면에서, 우리는 인간을 달에 착륙시킨 나사의 임무에서부터, 냉전의 방위체계에 이르기까지 굉장한 공공연구와 투자의 열기 속에서 살고 있다. 공공기금연구는 여전히 국가 연구소와 대학, 전국의료연구소National Institutes of Health에 연구비를 대고 있다. 하지만 부분적으로 우리가 과거 이룬 일대 진전이 성공을 거두었기 때문에, 우리는 선두에 남아 있으려면 더 많은 투자를 해야 할 필요가 있다. 기술적 일대 혁신은 이제 몇 년 간만 지속된다. 어찌됐든 간에, 경쟁 국가들도 기술적 주도권을 쥐기 위해 자원을 연구에 쏟아 붓고 있다.

어떤 국가도 스마트한 국가경제 전략이 없다면 21세기에 자체 주도권을 쥘 수 없을 것이다. 정부가 아니라 기업이 일자리를 만들지만, 미래에 투자한 정부는 좋은 일자리를 만들 가능성이 더 많을 것이다. 1990년대에 우리 행정부는 미국이 21세기를 준비하기 위해 할 수 있는 것은 다 했다. 불행하게도 현 행정부는 그 반대 방향으로 배를 돌렸다. 지난 5년 간 연구개발에 대한 연방 투자는 정체상태로 남아 있다. 2005년 대통령은 기금을 3억 달러나 줄이려고 했었다. 예산 삭감으로 국립과학재단은 수천 가지 연구 제안을 거절해야만 했었다. 상무부의 기술기회프로그램Technology Opportunities Program은 광대역 기술의 확대를 촉진시키기 위한 연방정부의 이니셔티브인데, 재정 지원이 무산되었다. 대통령과 의회 둘 다 국립과학재단에 대한 지원을 두 배로 한다는 공약을 지키기를 거절했다. 2006년 2월,

제12장 하이브리드 경제

예산 삭감으로 콜로라도 주의 국립재생에너지연구소에서는 36명이 해고되었다. 부시가 몇 주 후 그의 에너지 계획을 홍보하기 위해 연구소를 방문했을 때, 나쁜 여론을 고려한 행정부는 해고된 사람들을 다시 고용할 돈을 마련하느라 우왕좌왕하지 않을 수 없었다. 오직 미래만이 부시 행정부의 움직임을 강제할 것이다.

우리가 앞에서 서술한 "미래예산"으로, 우리는 이후에 우리 사회를 좀 더 안전하고 건강하고 효율적으로 만들 수 있는—그리고 수백만의 고임금 직업을 만들 수 있는—길로 과학과 기술의 최전선을 밀어붙일 수 있는 유례없는 기회를 포착할 수 있을 것이다. 에너지 효율성과 의료 그리고 다른 부문에서의 일대 혁신은 우리가 어쨌든 필사적으로 풀어야 할 문제들을 해결하는 데 도움을 줄 것이다. 우리가 이전에 미국의 역사에서 보았듯이, 이러한 혁신이 가져오는 파급효과로 중산층의 일자리는 다시 회복될 것이다.

국립과학공학연구소

20세기 전반적으로, 미국은 혁신에서 세계 주도자였다. 하지만, 근년에 이러한 역할은 점점 더 불확실해졌다. 우리의 성공을 모방하고자 하면서, 세계 각국은 대학과 연구개발에 투자를 해왔다. 많은 국가들이 이러한 투자에서 이익을 올리기 시작했다.

매년 중국에는 미국보다 더 많은 엔지니어들이 나오고 있고, 유럽 국가들은 이제 최근의 과학연구논문의 출판 수에서 미국을 능가했다. 우리 나라가 해외에서 더 많은 경쟁에 직면해 있는 반면에, 과학과 연구에 대한 연방의 지원은 실패했다. 국내 총생산의 퍼센티지로 과학, 기술에 대한 연방기금지원은 1960년대 말의 2퍼센트에서 2005년에는 50년 만에 0.7퍼센트로 떨어졌다.

이러한 방임이 가져오는 장기적인 영향은 명백하다. 과거 50년 간 우리 경제 성장의 대략 50퍼센트는 기술적 혁신 때문에 이루어진 것이다. 기본적인 연구는 우리의 혁신 경제의 중심축이다. 하지만 생명 과학(바이오 기술이나 의약분야 같은)이나 방위 분야를 예외로 하고, 연구 투자는 1970년대 이래로 지속적으로 줄어들었다. 우리는 15년 전보다 물리 과학(물리학과 화학)분야에 대한 투자를 줄였다. 이들 분야는 연방연구예산에서 그 때 이후로 반으로 줄어들었다.

혁신을 낳고, 글로벌 시장에서 우위에 있기 위해서는 우리는 국립과학및공학연구소를 만들어야 한다. 과거 국립의학연구소National Institute of Health에 기금을 댐으로써, 미국이 의료 기술과 의학 연구에서 세계를 주도하는 데 기여를 했었다. 국립의학연구소가 의약 분야에 했던 것을, 국립과학및공학연구소가 물리 과학의 진전을 위해 할 수 있을 것이다. 이러한 노력으로, 기본적인 연구를 감독할 국립과학재단의 예산은 두 배로 늘어날 것이다. 기업과 대학과의 위험부담이 높은 파트너십에 대한 벤처 투자를 반 정도하고, 소기업들이 시장에서 기술적으로 향

제12장 하이브리드 경제

상되도록 도우며, 대학과 각급 학교들이 첨단 수학과 과학, 공학 분야에 장비를 갖추고 전문가들이 포진할 수 있도록 할 것이다.

연구 분야에 투자를 늘린다 하더라도, 충분히 잘 훈련된 젊은 과학자와 엔지니어들이 나오지 않는다면 별로 쓸모가 없을 것이다. 비즈니스 위크지에 따르면, 미국은 과학과 공학 분야에서 대졸 학력을 가진 24세 젊은이의 비율에서 13개 나라―일본, 독일, 한국을 포함해서―에 뒤져 있는 것으로 나타났다. 25년 전만해도 우리는 3위를 차지했다. 국립과학교사연합회에서 추정하기를, 고등학교 졸업자의 단지 4분의 1정도만 대학에서 대학 1학년 수준의 과학 과목을 이수할 능력을 갖추었다고 한다. 보잘것없는 성취의 결과는 명백하다. 2000년, 미국에서 과학과 기술 분야에서 박사학위가 요구되는 일자리의 38퍼센트가 해외에서 출생한 사람들로 채워졌다. 이는 1990년의 24퍼센트보다 올라간 것이다.

전국 광대역 및 초고속 기차

연방정부는 미국이 주도권을 쥐도록 할 경제적 환경을 조성, 유지하는 책임을 다하지 못하고 있다. 1990년대 경제 성장은 대체로, 연방정부가 정보화 기술 연구를 지원했기 때문에 폭발적으로 성장한 것이다. 이러한 리더십이 이번에는 완전히 실종

되었다. 예를 들어서, 초고속 인터넷을 이용하는 것은 새로운 경제로 가는 패스워드이다. 하지만, 작년에 미국은 초고속 인터넷 이용이 세계에서 12번째로 떨어졌다. 미국은 초고속 인터넷 이용이 중국보다 두 배나 더 비싸고, 일본보다는 30배나 비싸다.

전국초고속인터넷―과 전국무선네트워크―에 대한 주장의 논거는 1930년대 프랭클린 루즈벨트의 테네시 밸리를 발전시키자는 논거만큼이나 오늘날 강력하다. 초고속인터넷망은 의료비를 수억 달러 줄이고, 보다 많은 사람들이 재택 근무하도록 함으로써 우리의 에너지 의존성을 줄이며, 테러리스트의 공격을 받았을 때도 커뮤니케이션과 대응할 능력을 강화할 잠재력을 가졌다. 무엇보다도, 초고속인터넷망으로써, 새로운 경제를 시골과 그 밖의 방치된 지역으로 끌어들여, 새로운 일자리를 방고르 지역이나 방가로르 지역에 만들지를 결정하는 데 도움이 될 것이다. 브루킹스연구소Brookings Institution의 보고서에 따르면, 전국 초고속 인터넷 망으로 연간 120만 개의 일자리가 만들어지고, 미국 경제에 500억 달러를 가져올 수 있을 것으로 본다. 낸시 펠로시 원내대표가 하원 민주당 혁신 아젠다에서 명백하게 한 것처럼, 연방정부는 어처구니없게도 미국 구석구석이 글로벌 경제에 초고속으로 접속되도록 하기 위해서 할 수 있는 일―세금유인책을 쓴다든지, 기술 연구를 지원하고, 규제적인 장애물을 없애고, 보다 광범위한 영역을 이용 가능하게 한다든지―을 하지 않았던 것이다.

21세기 사회 경제적 기반의 또 다른 열쇠는 초고속 철도이다. 철도는 19세기 미국의 산업혁명을 이끈 동력이었다. 불행

제12장 하이브리드 경제

하게도 이 철도는 그 때 이후로 별로 변하지 않았다. 오늘날, 기차로 로스앤젤레스에서 이 나라의 교통 허브인 시카고로 여행하는 데에는 3일이나 걸린다. 오래되고 비효율적인 인프라 때문에, 똑같은 기차로 시카고 서부에서 남쪽으로 여행하는 데에는 또다시 3일이 걸린다.

철도는 사람과 상품을 운반하는 데 꽤 효율적이다. 철도로 1톤의 석탄을 400마일 운반하는 데에는 디젤 연료로 1갤런 만 있으면 된다. 화물 운송을 트럭에서 기차로 25퍼센트만 바꾸어도 연간 15억 갤런이 절약될 것이고, 평균적으로 통근하는 데 연간 42시간이 절약될 것이다. 초고속 철도는 300마일까지는 항공기 여행과 비교해서 경쟁력이 있으며, 이로써 에너지도 절약되고, 공항과 고속도로 정체를 막을 수 있을 것이다. 초고속 철도프로젝트를 위해서 저리로 대출지원을 해야 할 것이다. 그리고 동일한 종류의 현명한 투자를 공항과 고속도로를 이어 받을 철도 교통에 해야 할 것이다.

미래가 혼자서 꾸려 나가도록 내버려 두는 것의 진짜 위협은 큰 기회가 우리를 그냥 지나쳐 가는 것이다. 죽기 전에 한 마지막 연설에서, 존 에프 케네디는 말하기를, 미국은 기어오르기에는 너무 높은 과일나무 울타리에 이르러서는, 울타리 위로 모자를 집어 던져서, 울타리를 기어오르지 않을 수밖에 없게 만드는 시골 소년들 같다고 했다. 우리의 모자를 다시 한 번 던져서 기어오르기를 시작해야 할 때이다.

■ 에필로그

국가적 목표를 갖는 정치

　우리는 이 책에서 몇 가지 새로운 아이디어를 제시하고자 하였다. 그리고 이러한 생각들이 다른 이들에게 영감을 주어 더 많은 아이디어가 나오기를 기대한다. 하지만 우리가 제시한 새로운 아이디어 그 어느 것도 미국이 오래 전부터 가진 생각—바로 책임성—이 함께 복원되지 않는다면 이 나라를 바꿀 수 없을 것이다.
　시민권은 수혜권이 아니다. 우리가 누렸던 귀중한 자유는 거저 얻은 것이 아니다. 이를 보전하고 강화하기 위해서, 우리 모두가 각자 자기 역할을 다해야 한다. 독립선언문에서 명시되어 있는 것처럼, 우리는 양도할 수 없는 권리—와 피할 수 없는 책임을 부여 받았다. 미국이 기회의 나라가 되기를 원한다면, 마찬가지로 책임의 나라가 되어야 한다.
　우리는 책임감 없는 시대에 살 때 우리가 얼마나 허약하게

에필로그 : 국가적 목표를 갖는 정치

되는지를 보아왔다. 허리케인 카트리나가 휩쓸고 간 후, 수천 명의 가난한 사람들이 슈퍼돔 아래에 있는 충격적인 이미지를 결코 잊을 수 없을 것이다. 이들은 날씨에 발목 잡혔다라기 보다는 (인간의) 방임 때문에 갇혀 있었던 것이다. 엔론과 같은 기업들의 수치스러운 행태는 자유 기업에 대한 우리의 신념을 뒤흔들었다. 미국인들이 정치에 대해 조금의 신념이라도 남아 있다면, 잭 아바라모프Jack Abramoff가 주도한 일련의 스캔들은 이러한 신념을 마찬가지로 뒤흔들었다.

책임은 위에서부터 비롯된다. 이것은 가장 높은 수준의 공공 의무의 기준에 맞추어 살아간다는 것을 의미한다. 이것은 또한 국가를 빚더미에 앉혀 놓는 게 아니라, 국가 재정의 균형을 맞춘다는 것을 의미한다. 무엇보다도, 이 나라가 당면한 문제를 해결하기 위해, 정직하고 올곧은 신념에 찬 노력을 함으로써, 미래를 위해 올바른 일을 하는 것을 의미하기도 한다.

또한 우리의 지도자들은 보다 광범위한 의무를 가지고 있다. 사람들이 살아가는 데 있어서 책임을 다하는 것이 보다 쉬워져야 하고, 이들이 자신을 위해서, 그리고 지역 사회와 국가를 위해서 책임을 다하도록 격려하고 독려하도록 해야 할 것이다. 이것이 바로 사회 계약이 있는 이유이다. 단순히 사람들에게 모든 문제에 대한 프로그램을 제시하는 것이 아니라, 사람들이 삶을 영위할 수 있는 조건과 수단을 확립하는 것이다.

우리의 가장 뛰어난 지도자들은 항상 이것을 이해했었다. 독립선언문을 기초한 이들은 "보다 완벽한 연방 형성"을 착수

했다. 아브라함 링컨은 "우리 본성의 보다 나은 천사"에 호소했고, 프랭클린 루즈벨트는 휠체어에서 일어나, 미국인들에게 고통을 어떻게 견디어 내는 지를 보이고, 결국에는 투쟁이 얼마나 우리를 강건하게 만드는지를 보여주었다.

참된 책임 정치의 시대에, 우리가 뉴올리언스의 지붕에서 보았던 빈곤은 간과되거나 잊혀지지 않을 것이다. 1990년대, 미국은 700만 명의 미국인들이 빈곤에서 일어서도록 도왔다. 미국 정부가 바로 우리의 가치와 조응하도록 활동했기 때문에 가능했던 것이다. 근로소득 보전 세제를 확대함으로써, 우리는 일하는 것이 사회보장보다 낫게 만들었다. 수백만의 부모들에게 자녀들을 위한 의료보험을 들 기회를 주고, 자녀를 직접 양육하지 않는 부모에게는 자녀를 지원할 책임을 부여함으로써, 우리는 가족의 가치를 존중했다. 어린이를 돌보는 데 대한 지출을 늘리고, 복지체계를 개편해서 일하도록 요구하였다. 그럼으로써 그들에게 평생 보조금에 의존하여 스스로 무가치한 존재로 전락하게 하는 대신에 일하게 함으로써 그들의 삶을 나아지게 한 것이다.

빌 클린튼이 우리가 이제까지 알던 그런 복지체계를 끝냈을 때, 미국은 이를 영웅적으로 반응하였다. 기업들은 사람들을 고용하고 훈련시키는 데 앞장섰다. 각 주들은 관료체제를 개혁하여 (복지) 수혜자들이 일자리를 찾는 것을 돕도록 했다. 무엇보다도, 복지체제에 갇혀 있던 사람들이 기록적으로 일자리를 찾았다. 아동 빈곤은 25퍼센트나 줄었고, 아동지원금도 두 배

에필로그 : 국가적 목표를 갖는 정치

나 늘었으며, 10대의 출산율도 60년 만에 가장 낮은 수치를 보였다.

10년 후, 우리는 모든 미국인들이 미국 주류사회에 진입하도록 하는데 할 일이 여전히 많이 남아 있다. 1990년대 미혼모들이 장족의 발전을 했다 하더라도, 저임금 남성들은 미국 역사상 가장 장기간, 광범위한 경제적 호황에도 불구하고 (생활) 토대를 잃어갔다. 오늘날 많은 이웃들에게서, 부권父權의 문화는 최근에야 고쳐진 복지체계 만큼이나 깊이 망가져 있다. 복지혜택을 받는 어머니들에게서 더 많은 것을 요구하는 것과 마찬가지로, 우리는 저임금 아버지들에게도 자신들의 역할을 하도록 요구해야만 하고, 이들이 그렇게 하도록 기회를 주어야 한다. 앨 고어가 한때 제안한 것처럼, 우리는 획기적으로 마약 테스트와 치료를 확대해야 한다. 그래서 이전 마약 사범들이 깨끗이 감옥을 떠나서 일자리에 복귀할 수 있도록 해야 한다. 우리는 클린튼이 남겨 놓았던 일, 즉 자본이 도시 속으로 유입되도록 하고, 기업들이 가난한 도시와 시골 지역을 떠오르는 새로운 시장으로 인식하도록 하는 것을 다시 시작해야 한다. 우리는 여성들만이 복지체계의 개편부담을 전부 다 떠안도록 해서는 안 된다. 부재한 아버지들이 응당 맡아야 할 자녀 양육비를 책임져야 한다고 주장한다.

진정한 책임의 시대에, 우리의 지도자들은 문화가 쇠퇴한다고 한탄하는 대신에 문화를 바꾸려고 하는 노력 속에서 이 나라를 단결시킬 것이다. 우리는 여성의 낙태권을 유지할 수 있어야 하고, 그러면서도 팀 라이언Tim Ryan 하원의원이 제시한 목표와 같이 다음 10년간에 걸쳐 낙태를 90퍼센트까지는 줄일 수 있어야 한다. 이는 피임을 가르치는 것에서부터, 입양을 촉진하고, 임신 여성들에게 의료 혜택을 제공하는 것에 이르기까지, 미국인들이 합의할 수 있는 포괄적 조치를 의미한다.

우리 저자들은 어린 아이들의 아버지로서, 대부분의 미국 부모들이 아이들이 너무 빨리 자라도록 강요하는 문화에 대해 느끼는 걱정을 우리도 한다. 대부분의 부모들처럼, 우리도 시시각각 변하는 문화의 기술적 침공에 대해 잠 못 이루기도 하고, 수백만의 학생들이 빈번하게 접속하는 인터넷의 사회 네트워킹 사이트들에서 문란하고 부모도 부재한 그런 세계에 몸서리친다.

부모들이 이런 싸움에서 혼자서 싸우게 해서는 안 된다. 우리는 어린 아이들을 상대로 하는 마케팅을 규제해야 하고, 비록 1차 수정 헌법조항이 지극히 신성하다 하더라도, 연예계 종사자들은 문화를 좀 먹는 게 아니라 이를 풍부하게 하고, 예술이 자신들의 재능을 가치 있게 만들고 자신들의 아이들도 볼 만한 가치가 있도록 할 특별한 책임이 있다는 것을 이해해야 한다.

진정한 책임의 시대에, 우리는 공통된 목표에서 모두가 찾는 공동체의 의미를 발견할 것이다. 워싱턴은 우리가 농장에서 자란 사람들의 나라이지, 기금 모금자들의 나라가 아니라는 것을 잊었다. 그리고 희생을 같이 하는 사람들의 나라이지, 특

에필로그 : 국가적 목표를 갖는 정치

권을 가진 사람들의 나라가 아니라는 것을 워싱턴은 잊었다. 미국인들은 공통된 대의를 갈망해 왔고, 베데스다의 독서클럽에서부터 마리코파 카운티의 거대 교회에 이르기까지 이를 찾아왔다. 모든 사람들이 이 나라의 정책에 이해관계를 가진다면, 우리가 이룰 수 있는 것의 한계는 없을 것이다.

백악관에서 지내던 시절, 우리가 이제까지 일해 왔던 것 중 가장 놀랄만한 이슈는 가장 사소한 것 중의 하나였다. 바로 학교 교복에 관한 이슈였다. 퍼스트 레이디 힐러리 클린튼이 쓴 책 (아이를 기르는 데는)『전 사회적 협력이 필요하다It Takes a Village』에서, 그녀는 캘리포니아 주 롱비치가 미국에서 처음으로 초·중등학교 학생들에게 교복을 의무적으로 입게 함으로써, 학교 폭력을 반으로 줄이는 데 기여했다고 칭찬했다. 클린튼 대통령이 1996년 연두교서에서 각 커뮤니티가 학교 교복을 채택하도록 주문했을 때, 워싱턴의 학자들은 한번도 이런 사소한 아이디어는 들어본 적도 없다고 냉소를 보냈다. 하지만 전국적으로 각 가정에서는 부모들을 딱 그 반대의 반응을 보였다. 마침내, 워싱턴에서도 사실상 그들의 일상생활을 바꿀 이슈를 만들기 시작한 것이다. 클린튼의 임기가 끝나갈 무렵, 8개 중 1개의 공립학교는 학교 교복을 착용하도록 했고—클린튼이 이 문제를 제기했을 때보다도 4배나 되는 수치이다—학교 폭력은 줄어들었다. 워싱턴은 이를 사소한 아이디어라고 불렀지만, 미국은 큰 성공을 거두었다.

당시 〈뉴스위크〉의 조나단 알터가 쓴 것처럼, 미국인들은 많은 정치인들이 이해하지 못하는 것을 알고 있다. 즉, 성공적으로 문제를 해결한 아이디어는 워싱턴에서 끝없는 당파적 논쟁을 벌이지만 결국에는 아무 것도 해결하지 못하는 것보다도 사람들에게는 더 중요하다는 것이다. 정치인들과는 달리, 각 가정은 가짜가 아니라, 진짜 이슈를 다루어야 했다. 이들은 자신들이 문제에 대해 어떤 조치를 취하지 않는 한 문제가 사라지지 않는다는 것을 안다. 이 점이 바로 사람들과 정부간에 기본적으로 일치하지 않는 점이다. 요즘 정치는 문제의 해법이 아니라 논쟁이 전부이다.

대부분의 경우, 이는 해답을 구하는 것이 아니라 우리를 분열시키는 논쟁이 되었다. 심지어 가장 다루기 힘든 문제에서도, 대부분의 미국인들은 공통된 토대를 발견한다. 복지개혁에서부터 범죄와의 전쟁, 가족의 가치를 확고히 하는 것에 이르기까지, 소속된 정당이 어디든 간에 대부분의 미국인들의 진정한 이데올로기는 이러한 문제에 대해 뭔가 조치를 취해야 한다는 신념이다.

오늘날, 우리가 워싱턴에서 논쟁을 벌이는 것의 대부분은 심지어 우리가 논쟁을 벌이는 진짜 이유는 아닌 것이다. 물론, 우리는 주요한 문제에 대해서는 상당한 입장 차이가 있다. 하지만 우리가 상대방의 목을 겨누는 진짜 이유는 우리가 해결해야 할 문제가 너무 어렵다는 데 있다. 우리는 합의점을 만들어낼 만큼 오랫동안 이런 문제를 정면으로 다루지도 않았었다.

에필로그 : 국가적 목표를 갖는 정치

그래서 이런 문제를 전혀 직면하지 않으려고 했던 것이다.

부시 행정부는 이런 종류의 정치의 논리적 결론에 도달했다. 매번, 조지 부시는 현실을 자신의 이데올로기에 맞추어 재단하고자 했다. 아무 소용없이, 이라크 전에서부터 카트리나와 재정 적자에 이르기까지, 그는 자신의 이데올로기가 현실로부터 강탈당하는 것을 보았다. 하지만 현실감이 바로 우리가 정치체계를 치료하는 데 필요한 약인 것이다. 중국과 인도로부터의 경쟁적인 위협이 명확하면 할수록, 우리 스스로 일깨워서 대응할 가능성은 더 높아질 것이다. 그리고 우리가 그렇게 할 때, 우리는 도전 받지 않았을 때보다도 더 강건하고 합리적인 사회를 건설할 기회를 갖게 될 것이다. 우리가 테러와의 전쟁의 어려운 현실에 초점을 맞출수록, 우리는 미국을 존경하고 우리의 삶의 방식을 파괴하는 것이 아니라 본받고 싶은 세계를 건설하게 될 것이다. 우리 문화에 대한 위협을 더 심각하게 받아들일수록, 우리는 아이들을 올바르게 키우는데 더 노력할 것이며, 우리 아이들의 장래를 더 자랑스럽게 여길 것이다.

최근에, 공화당과 민주당으로 나눠진 선거구 지도를 보면 미국이 절망적으로 양분되었다라고 일부에서 결론 내린다. 하지만 정치의 여러 부분에서처럼, 이것도 착시 현상에 지나지 않는다. 정치가 우리를 분열시켰지만, 우리는 분열된 채 있지는 않을 것이다. 정치가 우리를 좌절시켰지만, 프랭클린 루즈벨트가 "실패는 미국인의 습관이 아니다"라고 말한 것처럼, 우리는 실패하지 않을 것이다.

소매를 걷어붙이고, 다시 일터로 나선다면 어떤 도전도 불가능하지 않다는 것을 거듭해서 발견하는 것—이것이 바로 200년 이상 된 미국의 이야기였다. 우리가 이 세기에 직면해야 하는 새로운 조건은 어마어마하다. 우리가 이루어야 할 새로운 질서는 쉽지도 않고 빠르게 되지도 않을 것이다. 우리가 보장해야 할 새로운 확실성은 우리가 놓쳤던 낡은 확실성의 틈을 다 메우지는 못할 것이다. 하지만, 우리가 용기가 있다면, 이러한 도전으로 우리는 미국이 가장 필요로 하는 것—사명—을 얻을 것이다. 보다 높은 목적의식으로 해결되지 않을 정치나 국가는 없는 것이다. 우리는 의지를 가졌다. 그리고 우리에게는 플랜이 있는 것이다. 위대한 희망의 힘을 통해서 우리는 다시 한번 우리의 공통의 짐을 짊어져야 한다.

■ 감사의 글

정치는 일종의 팀 스포츠이다. 과거 20년 동안 전반적으로, 우리는 환상적인 팀 동료를 가졌다. 우리가 정치와 정책에 대해 알게 된 모든 것들은 우리가 함께 일한 선출직 공무원과 우리가 선거운동을 한 후보자와, 함께 일한 동료와 그리고 유권자들로부터 배운 것이다.

우리는 특히 빌 클린턴 대통령에게 감사를 드린다. 그는 우리 시대의 가장 성공적인 대통령이었고, 우리에게 기회와 책임, 그리고 지역 사회로 미국이 직면한 가장 어려운 도전을 극복할 수 있을 것이라는 것을 가르쳐 주었다. 우리는 정치 분야에 우리가 처음으로 일하게 해 준 두 명의 지도자들—리차드 달리 시장Richard Daley과 앨 고어 전 부통령에게 감사를 드린다. 특별히 람Rahm은 일리노이 주 제5하원 선거구 주민들에게 감사를 드린다. 이들은 그에게 공직이란 어떤 것이어야 하는 지를 제일 먼저 가르쳐 주었다.

더 플랜

민주당은 아이디어가 풍부하고, 늘 아이디어를 생각하는 사람들로 가득하다. 이 책에서 나온 좋은 아이디어 중 상당수는 힐러리 클린튼 상원의원의 민주주의리더십회의를 위한 "아메리칸 드림 이니셔티브American Dream Initiative for the Democratic Leadership Council"의 연구에서 영감을 받고 구상된 것들이다. 이는 진보정책연구소Progressive Policy Institute와 제3의 길Third Way, 미국진보센터the Center for American Progress, 호프 스트리트그룹the Hope Street Group 및 NDN의 정책 연구가들과 민주주의리더십회의의 탐 빌색 주지사와 탐 칼퍼Tom Carper 상원의원을 비롯한 여러 선출된 관료들과 함께 한 노력의 산물이다.

이 책에서 자신들의 아이디어가 등장한 모든 공무원들과 이들을 위해서 헌신하는 많은 스텝들에게 감사를 드린다. 또한 가장 많이 람Rahm을 참아내고 견뎌야 했던 사람들—하원 민주당 지도자(낸시 펠로시 하원의원과 스테니 호이어Steny Hoyer 하원의원), 일리노이 주의 감동적인 민주당 인물들(로드 블라고제비치 주지사와 딕 더빈 상원의원, 바락 오바마 상원의원을 포함)에게 특별히 감사함을 드린다. 마찬가지로, 민주주의리더십회의에서 브루스와 함께 일했던 분들과 특히, 설립자인 앨 프롬에게도 감사를 보낸다. 앨 프롬은 20여 년간 아이디어가 얼마나 중요한지를 민주당 사람들에게 일깨워 준 인물이다.

우리는 우리가 좋아하는 모든 정책광들과 심지어는 몇몇 정치꾼들의 상당한 도움이 없었더라면 이 책을 쓰지 못했을 것이다. 그들의 이름과 생각들은 이 책 전체에 나타나지만, 우리가

감사의 글

할 수 있는 최선의 것은 주notes 섹션에서 하려고 했듯이, 독자들에게 그들의 성과를 지적하는 것일 것이다. 람은 이 책에 나오게 된 많은 법안 아이디어로 선출된 이래로 그를 위해서 헌신해온 많은 스텝들에게 감사드리고자 한다. 그는 이들의 천재성과 묵묵히 열심히 일한 것에 빚지고 있다.

언제나 초안을 읽고 개선하는 데에는 진정한 친구가 필요하다. 그리고 그러한 점에서 우리는 폴 와인슈타인 2세와 크리스 제닝스, 진 스펄링에게 감사드린다. 우리는 또한 우리의 주장을 연마할 기회를 준 훌륭한 편집자들─피터 바인아트Peter Beinart와 수잔 글래서Susan Glasser, 폴 글래스트리스Paul Glastris, 스티브 머프슨Steve Mufson, 데이빗 플럿츠David Plotz, 피터 로스 레인지Peter Ross Range, 제이콥 와이스버거Jacob Weisberg─에게 감사드린다.

많은 사람들이 자발적으로 지혜와 전문적인 식견, 지원과 함께 우정을 보냈다. 데이빗 악셀로드David Axelrod, 폴 베갈라, 사라 비안치Sarah Bianchi, 데비 보일런Debbie Boylan, 데비 콕스 불탄Debbie Cox Bultan, 제임스 카빌James Carville, 호세 세르다 3세Jose Cerda III, 로사 드로로Rosa DeLauro, 탐 도닐론Tom Donilon, 아리 이매뉴엘Ari Emanuel, 이제키엘 이매뉴엘Ezekiel Emanuel, 피터 펜Peter Fenn, 앨리슨 펜Alison Fenn, 팻 플레미아Pat Flammia, 수 플레미아Sue Flammia, 탐 프리드만Tom Freedman, 샘 프리드Sam Fried, 로버트 고든Robert Gordon, 슈탄 그린버그Stan Greenberg, 크리스틴 해머Christine Hammer, 데나 허시버그Dena Hirshberg, 수잔 헌터Susan Hunter, 에드 킬고어, 존 쿠퍼John Kupper, 짐 르파Jim Lepard, 타메라 르짜토Tamera Luzzatto,

더 플랜

제리 맨드Jerry Mande, 구디 마샬Goody Marshall, 윌 마샬, 캐시 메이즈Casey Mays, 데이빗 모트David Mott, 스티븐 나이더Steven Nider, 홀리 페이지Holly Page, 마크 펜, 타라 리드Tara Reed, 조 림사Joe Rimsa, 로리 루비너Laurie Rubiner, 이반 슈라거Ivan Schlager, 버나드 슈와츠Bernard Schwartz, 롭 샤피로, 클리프 슬로안Cliff Sloan, 아담 솔로몬Adam Solomon, 태미 선Tammy Sun, 니라 탠던Neera Tandon, 마샬 위트먼Marshall Wittman, 제리 울피Jerry Woolpy, 돈나Donna와 로저 영Roger Young에게 감사드린다.

우리는 전설적인 에이전트인 모튼 젠크롤우Morton Janklow와 출판사인 퍼브릭어페어PublicAffair사에 감사드린다. 편집장인 데이빗 패터슨David Patterson은 끊임없이 훌륭한 편집 방향을 제시했고, 도저히 맞출 것 같지 않은 마감일을 맞추게 했다. 출판사 사장인 수잔 와인버거도 놀랄 만하고 명쾌한 충고를 해 주었다. 멜리사 레이먼드는 훌륭하고 참을성 있게 이 책이 나오는 것을 감독했다. 마가렛 리치Margaret Ritchie는 우아하게 원고를 교정했다. 위트니 필링Whitney Peeling은 이 책에 관한 한 일등급 정치평론가임을 증명했다. 니나 다마리오Nina D'Amario는 숙련된 아트 디렉터이고, 리사 카우프만과 린제이 굿만은 탁월한 마케팅 팀이었다. 특히, 우리는 처음부터 끝까지 그의 비전으로 우리를 인도한 한 사람에게 감사드려야겠다. 퍼블릭 어페어사의 비범한 설립자인 피터 오스노스는 1990년대 "서민을 먼저 생각하자"를 출판함으로써, 미국이 변화하는 데 기여했고, 이제 미국이 다시 변해야 할 때라고 본 식견을 가졌던 분이다.

감사의 글

　마지막으로, 우리는 가족들에게 감사드리고자 한다. 우리가 쌓은 경력 전반적으로, 우리의 부모님들은 우리에게 영감을 불어넣어 주었다. 벤과 마샬 이매뉴엘은 3명의 뛰어난 자녀와 1명의 하원의원을 길러냈고, 우리가 미국인이란 게 얼마나 운이 좋은지를 가르쳐 주었다. 가장 공화당 성향이 강한 아이다호에서, 스캇과 메리 루 리드는 반 세기동안 환경 보호와 민권, 인권을 위해 투쟁해 왔다. 그리고 그들은 아직 (이 싸움을) 끝내지 않았다.

　우리는 이 책을 우리 아이들을 위해서 썼다. 람이 제일 좋아하는 세 명의 유권자들은 아직 그에게 투표하지도 않았다. 자크, 일라나, 레아는 우리가 미국에 부제를 붙일 것을 제시했다. "장미는 붉고/ 바이올렛은 푸르다/ 이 책은 너희들에 대한 것이다." 브루스가 보기에, 줄리아와 넬슨은 클린튼 시대가 낳은 가장 큰 업적이 될 것이다. 이들의 존재는 아버지에게 최고의 편집자임에 틀림없다. 매일매일 캐치볼 놀이를 하고, 매번 책이 아직 완성되지 않았는지 물으면서 놀리는 최고의 편집자!

　우리의 멋진 아이들과 우리 인생의 다른 행복에 대해서 우리의 아내들, 에이미 룰과 보니 르파드에게 감사드린다. 에이미는 람의 제일 친한 친구이자, 가장 날카로운 비평가이며, 진정한 사랑을 보내는 사람이다. 보니는 고등학교 때 이래로 브루스의 인생에서 즐거움이자, 번뜩임이고 양심이요 전율이었다. 람과 브루스가 이제까지 한 가장 현명한 계획은 그들의 어리석음을 기꺼이 감내해 준 인생의 파트너를 발견한 것이다.

■ 주 NOTES

프롤로그 : 잃어버린 것과 찾은 것

프랭클린 루즈벨트는 1932년 9월 23일 샌프란시스코의 커멘웰쓰 클럽commonwealth club에서 연설했다. www.americanrhetoric.com의 "100대 명연설" 참조. 루즈벨트에 대한 참조는 Jonathan Alter의 *"Defining Moment: FDR's Hundred Days and the Triumph of Hope"* (Simon & Schuster, 2006)을 읽을 것.

정치꾼과 정책광

이 장의 일부는 2004년 3월 판 Washington Monthly에 처음 나왔다. Ron Suskind는 2003년 1월판 Esquire에 John DiIulio에 대해 썼다. 그의 책은 *The Price of Loyalty: George W. Bush, the White House, and the Education of Paul O'Neill* (Simon and Schuster, 2004)이다. 오닐이 쓴 부시 행정부에 대한 많은 글은 www.ronsuskind.com에서 볼 수 있다. 목적없는 정치의 유해성에 대한 두 권의 탁월한 책은 E.J. Dionne이 쓴 *Why Americans Hate Politics* (Simon & Schuster, 1991)와 Joe Klein이 쓴 *Politics Lost: How American Democracy Was Trivialized By People Who Think You're Stupid* (Doubleday, 2006)가 있다.

프레임 게임

"The Has-Been" 그룹은 Slate에서 이러한 주장의 일부를 했다. George Lakeoff의 책은 *Don't Think of an Elephant! Know Your Values and Frame the Debate*이다. (Chelsea Green, 2004) Thomas Franks의 책은 *What's the matter with Kansas? How the Conservatives Won the Heart*

주 Notes

of America (Metropolitan Books, 2004)이다. 빌 클린튼이 어떻게 민주당을 변화시켰는지에 대한 간략한 역사를 보려면, Al From의 2005년 11월 호프스트라 대학에서 행한 연설 *"The New Democrat from Hope"* 를 보라. 1996년 복지개혁법에 대해 가장 잘 설명한 것 중의 하나는 Jason DeParle이 쓴 *American Dream: Three Women, Ten Kids, and a Nation's Drive to End Welfare* (Viking Adult, 2004)이다.

오지와 해리어트는 더 이상 여기서 살지 않는다.

낡은 경제 질서가 붕괴된 것에 대해 무엇을 해야 할지에 대해서는, Gene Sperling의 *The Pro-Growth Progressive: An Economic Strategy for Shared Prosperity* (Simon and Schuster, 2005)와 마찬가지로, Thomas L. Friedman의 *The World is Flat: A Brief History of the Twenty-First Century* (Farar, Straus & Giroux, 2005)를 볼 것. 2005년 11·12월 호 Blueprint의 *"America Can Do Better"* 2006년 5월 Third Way에 Ann Kim과 Jim Kessler가 쓴 white paper인 *"The Politics of Opportunity"*, Edward Gresser가 Blueprint 2006년 5·6월호에 쓴 "Raising Our Game" 을 볼 것.

무엇이 플랜인가?

씨어도어 루즈벨트는 1910년 8월 31일, 캔자스 주 오사와토미에서 *"The New Nationalism"*을 제시했다. 이 말은 1909년 Herbert Croly가 쓴 *The Promise of American Life*에서 따온 것이다. Herbert Croly는 이후 the New Republic을 세우게 되었다.

전국민 봉사단

우리는 이 장을 사랑하는 우리의 친구, 고故 엘리 시걸Eli Segal을 기억하면서 썼다. 그는 일생을 군에 복무했고, 클린튼 대통령에 합류해 아메리코 프로그램과 이후 근로복지파트너십Welfare to Work Partnership을 시작했다. Peter Shapiro가 편집한 *A History of National Service in America* (Center for Political Leadership and Participation, 1994)를 볼 것.

전국민 대학교육

우리는 무엇보다도 Michael Dannenberg, Richard D. Kahlenberg, Anthony P. Carnevale, Stephen J. Rose, Thomas G. Mortenson, Paul Weinstein, Jr., Robert Shireman의 설득력 있는 연구를 참조했다. 대학의 기회 격차에 대한 보다 많은 정보를 얻고자 하면, Kevin Carey가 쓴 *"A Matter of Degrees: Improving Graduation Rates in Four-Year Colleges and Universities,"* (Education Trust, 2004년 5월)을 볼 것. 또한 Richard D. Kahlenberg가 쓴 *"Cost Remains a Key Obstacle to College Access,"* (Chronicles of Higher Education, 2006년 3월 10일)을 볼 것. 21세기 교육정책에 대한 다른 귀중한 자료로는 Achieve (www.achieve.org), Education Sector (www.educationsector.org), www.solutionforourfuture.org가 있다.

전국민 은퇴연금제도

William Gale, Peter Orszag, Jon Gruber는 브루킹스연구소의 해밀턴 프로젝트 2006년 4월 white paper인 *"Improving Opportunities and Incentives for Saving by Middle-and Low-Income House Holds"*에서 자동적으로 401(k)에 가입되는 안을 제시했다. 부의 창출에 대하여 쓴 다른 주요 인물로는 Mark Iwry, Gene Sperling, Rob Shapiro, Adam Solomon, Paul Weinstein, Jr.가 있다. Retirement Security Project는 조지타운대학의 공공정책연구소와 브루킹스연구소의 협력 하에 Pew Charitable Trusts의 지원을 받았다. Marric Buessing과 Mauricio Soto가 쓴 *"the State of Private Pensions: Current 5500 Data"* (Center for Retirement

주 Notes

Research, Boston College, 2006년 2월)을 볼 것.

모든 어린이를 위한 의료보험

우리가 지난 15년 동안 그랬던 것처럼, 우리는 오랜 의료 전문가인 크리스 제닝스Chris Jenning의 혜안에 많이 빚을 졌다. 의료보험에 대해서는 Ezekiel J. Emanuel과 Victor R. Fuch가 쓴 두 논문 *"Health Care Vouchers—A Proposal for Universal Coverage,"* (New England Journal of Medicine, 2005년 3월 24일), *"Getting Covered"* (Boston Review, 2005년 11·12월)을 참조할 것. 또한 Laurie Rubiner와 Cindy Zeldin이 쓴 *"America's Fragmented Health Care System: The Spiraling Costs We See and the Hidden Costs We Don't"* (the New America Foundation 2004년 7월 보고서), Sarah Bianchi가 쓴 *"Health Care Promise We Can Keep"* (Blueprint 2003년 7·8월), David Kendall이 쓴 *"Fixing America's Health Care System"* (Progressive Policy Institute, 2005년 9월 보고서)와 Kaiser Family Foundation의 광범위한 연구를 볼 것. National Cure Center는 Lou Weisbach와 Rick Boxer의 장기간의 열정의 산물이다.

재정 책임과 기업복지의 종식

Felix Rohatyn의 글, *"A Trust Fund for America"* (Wall Street Journal, 2005년 6월 16일)을 볼 것. Rob Shapiro는 *"Paying for Progress: A Progressive Strategy for Fiscal Discipline"* (Progressive Policy Institute, 1991년 2월)에서 미래예산에 대한 개념을 소개했다. 이후 그는 연속해서 "줄이고, 투자하는" 전략에 대한 논문을 썼다. Ed Kilgore는 *"The Fix Is In"* (Blueprint, 2005년 5·6월)에서 선거구 재조정에 대해 썼다. 이 장의 일부는 같은 호 커버스토리 *"Drain the Swamp!"* 에 나온다. *"The Road to Riches Is Called K Street"* (Washington Post, 2005

년 6월 22일)을 볼 것. Jacob Weisberg는 2005년 5월 4일자 Slate의 칼럼에서 "이익집단 보수주의"라는 말을 주조해 냈다.

서민을 돕는 세제개혁

시작할 때 인용한 문구는 Ron Suskind의 *The Price of Loyalty*에서 나왔다. 부시의 감세안에 대한 뉴욕 타임스의 분석은 2006년 4월 5일에 나와 있다. 부시의 노동과의 전쟁에 대한 가장 신랄한 비판은 워렌 버핏Warren Buffett이 2003년 5월 19일자 워싱턴 포스트 여론란에 쓴 *"Dividend Voodoo"*이다. 2003년 10월 15일자 월스트리트 저널의 *"The Democrats Can Win on Taxes,"* Paul Weinstein, Jr.,의 *"Family-Friendly Tax Reform"* (Progressive Policy Institute 2005년 4월 보고서), Joseph M. Dodge, Jay A. Soled의 *"Inflated Tax Basis and the Quarter-Trillion Dollar Revenue Question"* (Tax Notes, 2005년 1월 24일)을 볼 것. 공화당은 상당히 실망스럽겠지만, 우리의 감세안은 중산층과 중산층에 들고자 열망하는 사람들의 세금을 깎을 것이다. 예를 들면, 연간 수입이 80,000달러 정도이고 교육비로 12,000달러 정도 나가면서 가족 구성원이 3명 정도인 가구에서는 어린이 크레딧으로 850달러, 고등교육비 공제로 500달러를 받는다. 우리의 안에 따르면, 이 가족은 2,500달러의 가족 간이공제와 고등교육지출 환급금으로 3,000달러를 받을 것이다. 이는 현재 세금으로 내는 것보다 총 4,150달러의 순수 감세효과를 지닌다.

테러와의 전쟁에 대한 새로운 전략

윌 마샬Will Marshall의 뛰어난 명문집이 *With All Our Might: A Progressive Strategy for Defeating Jihadism and Defending Liberty* (Rowman & Littlefield, 2006)이다. Peter Beinart가 재미있게 쓴 책은 *The Good Fight: Why Liberals-and Only Liberals-Can Win the War*

주 Notes

on Terror and Make America Great Again (HarperCollins, 2006)이다. Charles Peters의 "Five Days in Philadelphia: The Amazing 'We Want Willkie' Convention of 1940 and How It Freed FDR to Save the Western World" (Public Affairs, 2005)도 볼 것. "The Thin Green Line"에 대한 2005년 보고서는 Andrew Krepinevich(은퇴함)가 펜타곤에 쓴 것이다. 미국기업연구소의 Thomas Donnelly는 병력 증강에 대해서 광범위하게 썼다. Steven Nider의 "Stressed Out" (Blueprint, 2004년 5·6월호)볼 것. 이 장의 몇몇 주장은 Blueprint 2002년 7·8월호에 맨 먼저 나왔다. Jose Cerda 3세의 Blueprint 2003년 4·5월호 커버스토리 "Cop Crunch"도 볼 것. 부시를 제외하고 장군들과 내각이 결과에 대해 책임을 지도록 한 대통령에 대해 알고자 하면, Doris Kearns Goodwin 의 Teams of Rivals: The Political Genius of Abraham Lincoln (Simon & Schuster, 2005)를 볼 것.

하이브리드 경제

Al Gore는 An Inconvenient Truth (Rodale, 2006)에서 기후 변화의 위협에 대해 말하였다. Jan Mazurek은 "A New Clean Air Strategy" (Progressive Policy Institute 2005년 12월 보고서)에서 온실가스배출권 거래제를 제시했다. 플러그 인 하이브리드에 대한 보다 많은 정보는 캘리포니아 자동차 발의권(www.calcars.org)에서 찾아볼 수 있다. 하원 민주당 혁신 아젠다는 www.HouseDemocrats.gov에서 찾아볼 수 있다.

에필로그: 국가적 목표를 갖는 정치

부성에 대한 정보는 Blueprint 2002년 1·2월호를 볼 것. 부모, 자식, 문화에 대해서는 Michael Stockwell의 "Childhood for Sale" (Progressive Policy Institute, 2005년 8월 보고서)를 볼 것.

지은이 **람 이매뉴엘**Rahm Emanuel
1992년 클린턴 선거 캠페인에서 기금모금 담당으로 혁혁한 공을 세움. 이후 1993년에서 1998년까지 백악관의 선임 자문관으로 활약. 2002년 일리노이 주에서 하원의원으로 당선. 민주당 하원 선거운동위원회 의장으로 하원 선거 진두지휘. 전투적이고 열정적 기질로 인해 람보라는 별명을 얻기도 함.

브루스 리드 Bruce Reed
클린턴 전 행정부가 자랑하는 창조적인 정책통으로 백악관 국내 정책 자문관을 역임하며 1996년 성공적 재선 캠페인에 크게 기여함. 민주당의 중도주의 진영인 민주주의리더십회의DLC의 의장이며 이 조직의 대표적 기관지인 〈블루프린트〉의 편집장으로 활약.

옮긴이 **안병진**
경희사이버대학교 미국학과 교수
미국 New School for Social Research 정치학 박사
저서 〈클린턴과 노무현의 탄핵정치학: 미국적 정치의 시대와 민주주의의 미래〉, 2005, 푸른길.